"바보야, 문제는 일자리야"

저자가 10년 후 다시 쓴 …

기적의 **인공지능**

일자리혁명

Artificial Intelligence

"정부가 일자리 만들면 나라가 망한다"
AI가 전 국민에 좋은 일자리 100% 보장

도서
출판 행복에너지

기적의 인공지능
일자리혁명

초판 1쇄 발행 2017년 4월 26일

지 은 이 박병윤
발 행 인 권선복
편   집 심현우
디 자 인 이세영
교   정 권보송
마 케 팅 권보송
전 자 책 천훈민
발 행 처 도서출판 행복에너지
출판등록 제315-2011-000035호
주   소 (157-010) 서울특별시 강서구 화곡로 232
전   화 0505-613-6133
팩   스 0303-0799-1560
홈페이지 www.happybook.or.kr
이 메 일 ksbdata@daum.net

값 15,000원

ISBN 979-11-5602-488-0   93320

Copyright ⓒ 박병윤, 2017

도서출판 행복에너지는 독자 여러분의 아이디어와 원고 투고를 기다립니다. 책으로 만들기를 원하는 콘텐츠가 있으신 분은 이메일이나 홈페이지를 통해 간단한 기획서와 기획의도, 연락처 등을 보내주십시오. 도서출판 행복에너지의 문은 언제나 활짝 열려 있습니다.

"바보야, 문제는 일자리야"
저자가 10년 후 다시 쓴 …

기적의 **인공지능**
일자리혁명
Artificial Intelligence

"정부가 일자리 만들면 나라가 망한다"
AI가 전 국민에 좋은 일자리 100% 보장

도서
출판 **행복에너지**

ARTIFICIAL INTELLIGENCE

Artificial Intelligence

기적의 인공지능
일자리혁명

5년 내
경제성장률
5% ↑

1인당
국민소득 4만$,
주가
4,000 ↑

거짓말 같은
참말
철저한
공동검증

1 희망의 메시지①

일자리천국의 문을 열다

사마천司馬遷은 『사기史記』를 쓰기 위해 치욕적인 궁형생식기를 없애는 형벌을 감수하면서 목숨을 구걸했다. 그가 치욕적으로나마 목숨을 구걸한 것은 그럴 만한 까닭이 있었다. 역사의 전개과정, 역사의 발전 법칙을 후세에 남기기 위해 한 것이었다. 그래서 『사기』는 아직도 동서고금 최고의 역사경전으로 남아 있다.

필자는 지금 일자리 천국의 문을 열기 위해 온갖 치욕적인 구박과 박해 속에서도 삶에 대한 애착을 버리지 않고 있다. 인공지능과 일자리혁명을 성공시켜 죽은 창조경제를 살려내고 일자리천국의 문을 열려고 하기 때문이다. 특히 젊은이들의 스마트폰 중독이라 불리는 증세, 즉 게임·오락 과몰입 현상을 치유하고, 청소년들의 정서와 정열을 발산할 방향을 일자리 창출 쪽으로 바꿔 놓음으로써 모든 젊은이가 자신이 원하는 좋은 일자리를 가질 수 있는 세상을 만들고자 한다. 다시 말해 세계 인류에게 일자리혁명의 복음을 전파하고자 함이다.

내 평생의 좌우명座右銘은 경세제민經世濟民이다. 경세제민은 내 인생의 시작이자 종착역이다. 경세제민이란 무엇인가? 세상을 잘 다스려서經世 국민을 고난에서 구제하는 것濟民이다. 바로 여기서 경제라는 말이 나왔다. 그럼 경세제민을 하려면 어떻게 해야 하는가? 간단하게 말해 경제를 살려내야 한다. 그리고 경제를 살려내려면 우선 좋은 일자리를 많이 만들어 내야 한다. 그런데 20세기에 들어 세상이 확 달라졌다. 기업에 투자하고, 기업이 성장해도 일자리가 나오지 않는다. 그렇다면 투자와 성장을 통해 일자리를 만드는 것이 아니라, 일자리를 만들어 내서 투자와 성장을 이끌어내야 한다.

필자는 20세기 말부터 경제의 오묘한 이치가 변화하고 있다는 것을 알아차렸다. 그래서 누구보다 앞서서 일자리혁명을 제시했다. 세상은 확 달라졌다. 일자리혁명은 반드시 해야만 하는 것인데 경제의 세계, 산업의 세계, 관료의 세계에서는 그 이치를 전혀 이해하지 못하고 있다. 노골적으로 모욕적이고 치욕적인 푸대접과 구박을 하며 박해를 서슴지 않았다. 특히 관료주의와 권위주의적인 행태는 말과 글로 다 표현할 수 없었다. 그럼에도 제4차 일자리혁명의 길을 닦아 일자리천국의 문을 열기 위해 스스로 고난의 길을 택했다.

투자하고 성장해서 일자리를 만들어 내는 방식으로 경세제민하던 시대에는 나의 경제 살리기 제안과 대안이 잘 먹혔다. 위기 때마다 처방, 혹은 대안을 제시해 왔다. 그때는 반응이 썩 좋았다. 언론인 생활, 길지 않은 정치인 생활을 할 때였다. 그러나 일자리를 먼저 만들어 내서 경제를 살려내야 하는 시대, 즉 일자리혁명 시대에는 천금 같은 경제 살리기 대안이 먹혀들어갈 기미조차 전혀 보이지 않는다. 그동안 숨죽이고 있던 관료주의와 권위주의는 야수처럼 돌변해 창조·혁신·창의·개혁적 정책 제안·아이디어들을 철벽을 쌓고 막아 버렸다. 이때의 모욕적인 괄시·구박·박해는 정말 참기 힘든 치욕이었다.

그래도 포기하지 않았다. 사마천이 궁형이라는 치욕을 감내하듯이, 야수처럼 들이닥치는 핍박을 감내하면서 일자리혁명을 위한 콘텐츠 개발에 온 힘을 다했다. 20세기가 저물어 갈 무렵, 4C&V 정책Clean, Convenient, Comfortable, Creative & Venture을 제안했다. 21세기에 들어선 일자리를 먼저 만들어 내서 투자와 성장을 이끌어내는 정책, 즉 선 일자리 창출, 후 투자·성장 정책을 제안하고, 일자리혁명을 주도하기 위해 일자리방송을 설립했다.

방송사 설립과 함께 유비쿼터스 일자리 창출 정책, 전천후 일자리 창출 국민 생활화 모델, 창조경제 국민 생활화 플랜, 방·통 융합·활용 일자리 창출 기반 조성사업미래부 입찰에서 우선협상 사업자 선정 등 제4차 일자리혁명의 기반이 되는 혁명적 콘텐츠를 연거푸 개발하기에 여념이 없었다.

특히, 창조경제 일자리 창출 국민 생활화 플랜은 진정 혁명적 콘텐츠였다. 정부가 제시한 창조경제 일자리 창출 정책을 관료의 규제간섭을 받지 않는 사이버공간에서 실현해낼 수 있기 때문이다. 여기에는 일자리 발굴 및 창출, 일자리 맞춤형 교육 및 훈련, 일자리 맞춤형 취업·창업모델, 일자리 창출 One Stop Service 체계, JOB 포탈 관리·운영 등 일자리혁명의 핵심 콘텐츠가 모두 포함돼있다. 비용대비 일자리 창출 성과 실적은 놀랍게도 최소 10배, 최대 100배에 달한다. 제4차 일자리혁명을 실현할 수 있는 핵심콘텐츠들인 것이다.

이런 콘텐츠를 망라한 방·통 융합·활용 일자리 창출 기반 조성사업은 창조경제 일자리 창출사업의 시범사업이다. 그러나 주무관청인 미래부는 철저하게 창조경제를 견제하고 짓밟는 야수로 변했다. 미래부와 창의재단은 2회에 걸친 입찰에서 일자리방송을 우선협상 사업자로 선정해 놓고도 30여 가지의 규제, 간섭, 감시, 감독규정을 총동원해서 시범사업을 할 수 없도록 훼방 놓았다. 입찰자금 25억 원 중 9억 원은 자기네들끼리 불법으로 나누어 갈라먹기 해 버리고, 본 사업 예산 16억 원은 국고에 반납해 버렸다. 미래부 사람들은 창조경제 일자리 창출사업에 대해서 눈에 쌍심지를 켜고 훼방 놓을 일만 했다. 이런 어처구니없는 봉변을 당한 콘텐츠 개발자의 수치심은 어떠했겠는가?

도무지 관료주의 앞에서는 창조경제는 발을 붙일 수 없었다. 창조경제 일자리 창출은 21세기 최고의 일자리 창출 모델이다. 그런데도 한국의 관료주의는 창조경제를 죽이는 일만 해 왔다. 그래서 우리 경제는 지금 위기로 치닫는 상황이다. 안타까운 일이다. 창조경제 일자리 창출이 성공했다면, 우리 경제는 최소 4~5%의 성장률을 유지하면서 매년 150만 개 이상의 좋은 일자리를 만들어 국민 행복시대를 열었을 것이라는 아쉬움이 남는다. 창조경제가 잘못된 것이 아니라, 창조경제를 제시한 대통령의 리더십에 문제가 있었던 것이 너무나도 안타깝다. 필자는 이 과정에서 정신적, 경제적으로 엄청난 충격을 감수해야만 했다.

이런 혹독한 시련을 겪으면서도 좌절하지 않고 일자리혁명을 완수하라는 하늘의 소명을 실현하기 위해 일자리혁명의 최종 결정판, 인공지능 일자리 창출 콘텐츠를 개발하기에 이르렀다. 사마천이 사기 130권 전권을 탈고했을 때 그 감격이 어떠했을까? 필자는 지금, 그런 희열을 느끼면서 인공지능 일자리혁명이 성공할 수 있도록 나의 비천한 재능과 정열을 몽땅 불사르려 한다. 도도한 역사의 흐름 속에서 제4차 일자리혁명은 반드시 성공할 수 있다는 것을 굳게 믿고 있다.

2 희망의 메시지②

AI 일자리혁명 스타트 업

대통령 탄핵을 이끌어낸 한국의 촛불시위는 인류 역사상 처음 보는, 질서 있고 평화적인 민중혁명으로 기록되었다. 국회와 헌재는 차후 역사가 평가할 것이다.

물론, 찬반 양측의 반응은 "민주주의 만세"와 "나라가 망했다"로 확연하게 엇갈렸다. 엇갈린 반응은 다음에 나타날 혼란과 갈등을 예견케 한다. 문득 탄핵 이후에 찾아올, 보이지 않는 불안이 엄습한다. 앞으로 대한민국호는 어디로 나아갈 것인가? 60여 년 전, 4·19 학생 혁명을 현장에서 체험했었기에 학생 혁명과 촛불 혁명의 시대 상황이 너무나 닮은꼴이라는 점에 소스라치게 놀랐다.

역사는 되풀이되는가? 정치와 경제, 경제와 민생, 민생과 일자리, 정치와 인사…. 정치·경제·민생·일자리·사회·문화·생활환경이 4·19시대를 빼다 박은 듯 닮은꼴이다. 흔히 이승만 전 대통령을 외교에는 귀신, 인사는 등신이라고 한다. 외교로는 6·25 때 16개국의 참전을 이끌어냈으니 귀신 칭호를 주어도 될 테다. 그러나 이기붕의 국정 농단은 도저히 용납할 수 없었던 것이었다. 국민은 이승만보다 이기붕이 미워서 이승만 전 대통령의 하야를 요구했다. 박근혜의 화려한 정상외교와 최순실의 국정 농단, 그리고 인사실패는 이승만의 실정과 오버랩 된다. 그때의 자유당과 민주당, 오늘의 자유한국당과 더민주당도 닮은꼴이다.

정국불안과 경제 불안, 그리고 일자리가 없고 민생은 도탄에 빠져있다는 점도 그때와 오늘이 닮았다. 대통령이 청와대^{경무대}에서 쫓겨난 점도 닮았다. 조선총독부 때부터 그곳은 호기롭게 들어갔다가, 단 한 사람의 예외도 없이 모두 망해서 나오는, 아주 터가 좋지 않은 곳이었다. 그곳에 들어갈 때는 모두 화려하게 입성했다가 나올 때는 모두 초라하고 초췌한 모습이 돼 버린다. 들어갈 때는 주인이 커 보였다가 나올 때는 작아져 버린다.

특히 집권·수권·정권인수능력이 있는 정당과 지도자가 없다는 점, 비전과 철학을 제시하는 지도자가 없다는 점, 그리고 민생이 도탄에 빠져들어 가고 있다는 점도 그때와 지금이 닮았다. 4·19 때 풍비박산 나 버린 자유당을 대신해 민주당이 정권을 인수하는 형국이 됐으나,

신·구파로 갈라져 정파 싸움에 여념이 없었다. 리더십 있는 지도자도 없었다. 정치·경제·사회 각 부문의 혼란과 갈등 속에 파벌싸움만 하다 5·16 쿠데타가 일어났다.

쿠데타를 주도한 박정희가 내건 혁명 구호는 "절망과 기아선상에서 허덕이는 민생고를 시급히 해결하고…"였다. 그리고 그는 해냈다. 집권 18년 동안 그가 일구어낸 경제적 성과는 영국경제 180년 동안의 발전 궤적과 맞먹는 것이었다. 한국 경제는 전통적 농경사회에서 후기 산업사회로 점프했다. 80%가 넘던 농촌 비중이 10%대로 떨어졌다. 특히 일자리 문제를 해결했다. 2차 대전 이후 수많은 쿠데타가 일어났지만, 박정희 쿠데타는 유일하게 성공한 케이스에 속한다. 부작용은 있었으나, 경제적 성과는 분명히 이루어냈다. 이것이 한강의 기적이다.

그로부터 18년 동안 신군부정권, 문민정부가 들어섰지만, 1997년에는 IMF 외환위기를 불러왔다. IMF 위기와 함께 한강의 기적은 파산선고를 받았다. 파산선고를 받은 정권을 물려받은 김대중 전 대통령의 복구 작업은 실로 눈부신 것이었다. 먼저, 정치 노선을 바꾸었다. 트레이드마크였던 대중경제를 버리고 민주주의와 시장경제로 전향했다. 그러자 단숨에 ICT, 벤처 강국으로 도약했다. 특히 큰 정부에서 작은 정부로 노선을 바꾸어 갔다. 고금리·고환율 정책의 시정, 생산적 복지 정책, 4대 개혁, M&A, 빅딜, 공적자금 165조 원 투입을 통해 부실국가 부실경제, 부실기업을 대부분 살려냈다. 보수 세력의 일부 수구 꼴통이라 불리는 사람들은 인정하려 하지 않지만, 그의 개혁 정책은 세계적인 성공사례에 속한다. 이때 김대중이라는 지도자가 없었다면 어땠을지, 상상만 해도 등골이 오싹해진다.

특히 김대중 대통령의 눈부신 개혁 정책으로 가장 혜택을 많이 받은 계층은 재벌 대기업이었다. IMF 공습 후 10년 동안 10대 재벌의 매출액과 순익은 무려 10배씩이나 늘었다. 그런데 가장 혜택을 많이 받은 재벌 대기업과 금융업자들이 개혁 정책을 가장 비판·불평하고 저항했다. 역사의 아이러니다. 박정희는 창업의 귀재였으며, 김대중 대통령은 수성의 달인이었다.

IMF 외환위기 이후 다시 18년, 박근혜의 탄핵과 함께 또다시 정치·경제 위기가 엄습해 오고 있다. 다가올 18년 동안 대한민국호는 어디로, 어떻게 항해할 것인가? 물론, 4·19 때와 오늘의 한국은 엄청나게 다르다. 소득수준, 생활수준, 의식수준, 민주화수준, 글로벌화수준…. 쿠데타가 일어날 확률은 0%에 수렴하겠지만, 경제가 어려워질 확률은 99%다. 2%대의 저성장이 0% 수준까지 떨어질 수 있다. 춥고 배고픈 상태_{2%대 성장}에서 더욱 매서운 추위가 엄습한다면 체감온도는 훨씬 더 떨어질 것이다. 경제란 그런 것이다. 특히 정치·경제의 핵인 일자리 문제가 심상치 않게 돌아가고 있다. 일자리 문제가 해결되지 않으면 정치와 경제와 빈곤의 악순환이 나타난다. 누가 제2의 그리스가 안 된다고 말할 수 있겠는가.

그럼 탄핵 이후의 정국 전망은 어떠한가? 5당 체제 아래서 그나마 국민의 지지를 받고 있는 더민주당은 4·19 때의 구 민주당보다도 수권·집권능력이 더 떨어진다. 거물급 정치인, 리더십 있는 정치인도 없다. 특히 더민주당은 가장 중요한 일자리 공약에서 가장 큰 실수를 범했다. 국민은 어린애를 물가에 내보낸 것처럼 마음이 안절부절못한다. 더욱 난감한 것은 그들이 주장한 큰 정부 일자리 정책은 나라 망해 먹는 정책이라는 점이다. 유력후보는 5년 전, 통합민주당 대통령 후보수락 연설에서 일자리혁명을 제안했던 분으로, 이때 필자는 모 월간지에 유비쿼터스 일자리혁명론을 제안한 경력이 있다.

내가 큰 정부 일자리 창출을 물고 늘어지는 것은, 큰 정부를 만들어 일자리를 만들기 시작하면 나라가 망하기 때문이다. 이것은 세계 경제 발전사가 실감 나게 증명한다. 오늘의 그리스가 큰 정부 주도의 일자리 만들기를 추진하다 망했다. 더민주당 후보는 진짜 대통령에 당선되려면 큰 정부 일자리 공약을 하루빨리 폐기하기를 권고한다. 그렇지 않으면 대통령의 꿈을 접어야 하는 사태가 올 수도 있다. 혹시 당선돼서 공약대로 강행해 버리면 나라가 망한다. 지난 5년간 전천후 일자리 창출모델→창조경제 일자리 창출 모델→방통융합 일자리 창출모델을 거쳐 마침내 인공지능AI 일자리 창출 콘텐츠를 개발해냈다. AI 콘텐츠는 AI 일자리혁명을 성공시켜 국민 행복시대를 열 수 있다. AI 일자리혁명 말고는 경제 위기를 극복할 방법이 없다.

AI 일자리혁명은 모든 국민에게 좋은 일자리를 100% 만들어 공급하고. 제4차 일자리혁명을 이끌어갈 수 있다. 이번 대선에서 모든 대선 후보에게 일자리혁명의 복음을 전파하고, 모든 국민에게 대선 후보들을 올바르게 평가할 수 있는 평가 기준을 제공하기 위해 이 책을 쓴다.

3

정부가 일자리 만들면 나라가 망한다
– 전 국민에게 좋은 일자리가 100% 보장

사람은 먹고살기 위해 일한다. 일자리는 생업의 터전이다. 일자리
의 역사는 창세기로 거슬러 올라간다. 그러나 일자리가 독립된 직업으
로 모습을 드러낸 것은 산업혁명 때부터였다. 산업혁명과 함께 인구혁
명, 일자리혁명이 동시에 일어난 것이다. 산업혁명과 일자리혁명의 기
원은 농업혁명으로 거슬러 올라간다. 영국은 16세기부터 식민지, 특히
인도로부터 많은 재물과 금은보화를 약탈해 와 농장경영, 품종개량,
경작방법의 개선을 도모했다. 큰 농장은 20~30명씩 고용하는 인클로
저 운동Enclosure Movement이 일어나면서 농업생산량이 급증했다. 식민지
에서 약탈한 재물로 자국 내 농업생산 기반을 확충했기 때문이다. 이
것이 바로 제1차 농업혁명이다.

농업생산의 증가와 함께 인구가 무섭게 늘어났다. 1700년, 영국의 인구는 547만 명에 불과했다. 영국 왕 조지 3세1760~1820가 취임한 1760년에는 673만 명, 1811년에는 1,048만 명, 그리고 조지 3세가 퇴임한 1821년에는 1,400만 명으로 폭증했다. 조지 3세의 재임 기간에 영국 인구는 무려 2.1배가 늘었다. 산업혁명, 일자리혁명의 와중에서 인구혁명이 일어난 것이다.

18세기에 들어서면서 영국 산업은 방직공업을 중심으로 공장수공업 체제Manufacture System로 발전해 나갔다. 가내수공업 또한 생산 시스템이 분업화·대형화하기 시작했다. 노동자를 50~60명씩 고용하는 곳이 늘어나기 시작했다. 특히 1764년에 하그리브스James Hargreaves는 제니 방적기를 발명했다. 1765년, 제임스 와트James Watt는 증기기관을 발명했다. 2개 종류의 기계발명을 계기로 생산시스템은 기계화, 분업화와 함께 급속도로 대형화되었다. 공장수공업에서 대형공장으로 급속히 바뀌었다.

마침내 섬유공업을 중심으로 노동자 500~600명 규모의 대형공장이 출현했다. 대도시에는 대형공장이 들어서기 시작했다. 노동자들은 무섭게 대도시 대형공장으로 몰려들기 시작했다. 산업생산량이 크게 늘고 식량수요가 급증했다. 마침내 제1차 산업혁명이 일어난 것이다.

산업혁명과 함께 산업생산이 크게 늘어났다. 산업생산의 증가에 따라 일자리도 크게 늘어났다. 인구의 대도시 집중이 가속화됐다. 대도시 대형공장에는 노동자들이 밀물처럼 밀려들었다. 일자리가 하나의 독립된 직업으로 새로운 모습을 드러냈다. 노동자계급이 새롭게 등장했다. 일자리가 생업수단에서 독립된 직업으로 탈바꿈해서 새로 태어난 것이다. 마침내 일자리혁명이 일어났다.

1760년대 영국은 농업혁명, 인구혁명, 산업혁명, 일자리혁명이 뒤범벅되어 크게 혼란스러웠다. 특히 산업혁명의 과정에서 산업현장과 노동시장이 시끌벅적해졌다. 대형공장들은 일손이 모자라면 경쟁적으로 임금을 올렸다. 임금을 올리면 노동자들이 밀물처럼 몰려들었다. 일자리가 다 채워지면 임금은 다시 떨어졌다. 노동자들은 다시 썰물처럼 빠져나갔다.

그러나 당시 영국 왕 조지 3세는 산업현장과 노동시장의 대혼란을 보고도 못 본 체했다. 로마제국의 영토를 가장 많이 넓힌 트라야누스 황제를 흉내 내느라고 국내 문제는 내팽개치고 미국 식민지 확장에만 열을 올렸다. 국내 문제는 자유방임해 버렸다.

조지 3세의 자유방임정책에 힘입어 영국의 산업생산은 폭발적으로 증가하고, 국가는 번영했다. 영국은 세계의 공장으로 등장했다. 산업혁명과 함께 일자리가 무섭게 늘었다. 그러니까 영국 왕 조지 3세는 국내의 대혼란을 방치한 실정을 거듭했지만, 국내에서는 인구혁명, 산업혁명, 일자리혁명, 그리고 해외에서는 미국의 독립혁명을 성공시킨 세기적 영웅이 되었다. 소가 뒷걸음질하다가 쥐 잡은 형국이 되었다고나 할까?

산업현장과 일자리 시장에서 일어난 대혼돈·대혼란 시대를 10여 년 동안 지켜보던, 글래스고 대학의 논리학 교수였던 애덤 스미스는 마침내 펜을 들었다. 그리고 『국부론The Wealth of Nations』을 펴 경제학의 새로운 문을 열었다. 레세-페르, 레세-알레Laissez Faire, Laissez-Aller, 즉 작은 정부를 만들고 자유방임을 하면 좋은 일자리가 많이 늘어나서 나라는 부강해지고, 국민은 잘 먹고 잘살 수 있다고 했다. 흔히 애덤 스미스를 경제학의 아버지라고 하지만, 그의 저서 『국부론』은 경제학 교과서가 아니라, 일자리 교과서였다. 애덤 스미스가 『국부론』을 출간한 것은 1776년으로, 같은 해 미국은 독립선언을 하고 영국으로부터 독립을 쟁취했다. 역사의 아이러니라고 할까? 둘 다 조지 3세의 실정이 빚어낸 걸작⁽?⁾들이다.

한편, 일자리혁명의 역사는 매우 심플하다. 1760년대 1차 산업혁명과 함께 도시의 대형 공장들은 공장 노동자들을 엄청나게 쏟아냈다. 농업중심 농가의 농부계급이 대부분이던 농경사회에서 산업중심 도시의 노동자계급이 새로 탄생한 산업사회의 시작이었다.

당시 영국은 농업혁명, 인구혁명, 산업혁명, 일자리혁명이 뒤범벅되어 큰 혼란에 빠져들었다. 새로 왕위에 오른 조지 3세는 골치 아프다며 국내혼란을 못 본 체하고 미국 식민지 경략에 몰두했다. 그런데 국내의 예상됐던 혼란은 이상하게도 잘 수습돼갔다. 이 혼란과정을 주의 깊게 지켜보던 애덤 스미스는 "잘못 건드리면 덧난다. 자유방임에 맡겨버려라."라고 외쳤다.

애덤 스미스의 자유방임주의는 프랑스, 독일, 미국 등을 시작으로, 세계로 전파돼 나갔다. 이상하게도 정부가 간섭하지 않고 내버려 두니 산업생산은 폭발적으로 늘어났다. 더 많은 일자리가 만들어지고 시장경제가 원활하게 잘 돌아갔다. 영국은 순식간에 세계의 공장으로 떠올랐다. 마침내 팍스 브리테니카Pax Britannica 시대가 열렸다. 조지 3세의 자유방임정책은 영국을 부강하게 하고 세계의 경제 중심국가로 만들었다.

애덤 스미스의 자유방임주의가 세계로 전파된 후 150년 동안 세계경제는 자유방임을 만끽하면서 전에 없던 번영을 노래했다. 초기 자유방임주의 시대가 제1차 일자리혁명을 이끌었다.

1929년 10월 24일, 암흑의 목요일이라 불린 이 날, 미국경제는 증시폭락과 함께 대공황의 늪에 빠져들었다. 증시는 끝없이 추락하고 실업자는 홍수를 이루었다. 은행파산은 줄을 이었다. 그러나 아무도 자유방임주의에 시비를 걸지 못했다. 영국 왕 조지 3세와 애덤 스미스가 만들어 놓은 자유방임주의는 신성불가침이었다.

자유방임주의의 성역을 허문 것은 미국 루스벨트 대통령의 뉴딜정
책이었다. 대공황 중인 1932년 초부터 미국 대통령 선거가 시작되었
다. 실업자 홍수와 은행 파산사태를 막는 대안을 제시하지 않고는 선
거운동을 할 수가 없었다.

루스벨트는 뉴딜, 즉 새 판을 짜겠다고 했다. 정부가 일자리 시장
에 개입하겠다는 것. 공화당의 후버 대통령은 즉각 "저 사회주의자" 하
고 공격했다. 루스벨트는 움찔했다. 그러나 정부가 돈을 풀어 일자리
를 만들어 내는 방법 말고는 다른 방법이 없었다. 거의 같은 시기에 영
국의 경제학자 존 M. 케인즈도 같은 생각을 내놓았다. 그는 4년 후1936
년 루스벨트의 뉴딜정책이 성공한 것을 확인하고 『고용·이자 및 화폐에
관한 일반이론』을 출간했다. 세계 경제 사상 처음으로 큰 정부가 탄생
한 것이다. 스미스가 설정한 자유방임주의의 가설을 깨고 정부가 직접
돈을 풀어 일자리를 만들어 경제를 살려내자는 것이었다. 이것이 제2
차 일자리혁명이다.

그러나 그로부터 40년도 못 간 1970년대에 들어 스태그플레이션이
덮쳤다. 대공황 때는 정부 돈을 마구 풀어 일자리를 만들어 내고 다 죽
어가는 경제를 살려 놓았는데, 1970년대에 들어서는 정부 돈을 풀어도
일자리는 늘지 않고 물가만 올랐다. 스태그플레이션이라는 이전에 듣
지도 보지도 못했던 이상한 경제현상이 나타났다.

바로 그 스태그플레이션의 대안으로 나온 것이 신자유주의와 실용

주의다. 기본 프레임은 작은 정부와 규제 완화, 그리고 산업평화^{노동시장}의 유연화의 토대 위에서 글로벌화와 정보산업화 등 신 성장 동력 산업을 일으켜 일자리를 만들어 내자는 새로운 성장 모델이었다. 정치적으로는 대처, 레이건, 클린턴이 나섰다. 루스벨트와 케인즈의 수정주의에 눌려 기를 죽이고 있던 애덤 스미스의 추종자들인 프리드리히 하이에크, 아더 래퍼, 밀턴 프리드먼 등 신자유주의, 시장주의자들이 이에 대한 이론적 뒷받침을 해 주었다.

신자유주의는 한편으로는 글로벌화해서 시장을 확대하고, 다른 한편으로는 투자은행IB을 통해 금융자금을 무제한 공급해서 IT, 벤처 등 신 성장 동력 산업을 일으켜 일자리를 만들어 내자는 것을 주장하는 사조로, 그동안 정부가 직접 돈을 풀어 일자리를 만들어 내느라 정부부채가 너무 늘었다는 것을 뉴딜정책의 문제점으로 지적했다. 당시 일본, 미국, 영국 등 주요 국가들의 GDP 대비 국가부채비율은 100%가 넘었다. 이를 지켜본 신자유주의자들은 더 이상 재정적자를 감당할 수 없게 되자 금융기관의 돈을 추가로 풀 것을 촉구했다. 정부의 돈이 아니라 민간의 돈을 풀어 일자리를 만들어 내어 경제를 살리자는 것이다. 이것이 제3차 일자리혁명이다. 그러나 제3차 일자리혁명은 절반의 성공에 그쳤다.

제3차 일자리혁명기에 가장 성공한 사람이 빌 클린턴 대통령이다. 그는 제4차 일자리혁명의 핵심 콘텐츠인 미래형 일자리 창출 모델을 제시했다. 이는 일자리를 먼저 만들고, 이렇게 만들어 낸 일자리를 토대로 하여 국가 경제 성장과 국민 소득 증대를 이끌어내는 새로운 형태의 일자리 창출 모델이다. 클린턴 대통령은 3차 일자리혁명 시대에 4차 일자리혁명의 단초를 연 것이다.

21세기 들어 세계 경제의 패러다임이 확 달라졌다. 거품경제 시대, 고용 없는 성장시대, 디지털시대, 다원화·다양화 시대, 맞춤복 시대, 다품종 소량생산시대가 찾아왔다. 2008년 9월 15일, 세계 경제가 갈피를 잡지 못하고 방황하는 사이 뉴욕발 금융위기가 터졌다. 이렇게 세계 경제가 우왕좌왕하는 사이 발생한 9·15 금융위기는 바로 제4차 일자리혁명의 기폭제가 됐다.

21세기는 제4차 산업혁명과 제4차 일자리혁명이 랑데부하는 세기가 됐다. 산업적인 측면에서 품질과 가격 경쟁력이 최우선 가치였던 시대는 지났다. 소비자의 욕구를 보다 정확하게 파악하고, 이 욕구를 즉각적으로 제품에 반영하는 기업이 시장을 선도하게 됐다. 방대한 데이터를 조작할 IT·벤처기업들이 제품개발을 지휘하고 제조회사는 하청업체로 전락하는 시대가 현실로 다가오고 있다.

산업혁명은 기술혁명이고 과학혁명이었다. 과학기술혁명은 처음 제니방적기, 증기기관의 발명에서 시작해서 전기, 석유, 화학, 철강, 식품, 자동차, 신소재, 유전자, 컴퓨터, 인터넷, 정보통신 분야로 확대되었다. 산업혁명, 기술혁명은 늘 관리혁명과 함께했다. 관리혁명은 분업의 원리^{시스템}에서 시작해 테일러 시스템, 포드시스템, 컨베이어 시스템, 대량생산, 대량 판매 시스템, OJT^{현장교육훈련}, 제로인벤토리, 컴퓨터·인터넷 혁명으로 이어지면서 산업생산을 폭발적으로 늘려왔다. 관리혁명은 기술혁명과 함께 산업 생산을 엄청나게 늘렸다. 즉, 기계화, 자동화, 정보화 등 기술혁명은 관리혁명과 함께 일자리를 사라지게 하고 실업자를 양산하지 않느냐는 우려를 자아냈다. 제2의 대공황이 오지 않나 하는 걱정을 하는 사람도 있었다. 그러나 미국의 정보화 산업과 신흥 공업국 중국경제의 눈부신 발전이 어렵게 세계 경제의 파산선고를 막았다.

이제 제4차 산업혁명이 스타트업 신고를 했다. 모바일, 인터넷, 무인 자동차, 신소재, 신산업, 유전공학, 바이오, 로봇기술, 3D산업^{복제}, SNS, 빅 데이터, 다품종 소량생산시스템이 경쟁적으로 등장하고 있다. 마침내 이 모든 과학·기술·정보통신 부문을 아우르는 인공지능과 융·복합기술이 등장했다.

21세기 들어 과학·기술·정보통신부문의 발달은 무서운 속도로 무한질주하고 있다. 그런데 그 앞을 일자리 절벽이 가로막고 있다. 4차 산업혁명 시대의 과학기술 발달은 무서운 속도로 산업생산 및 지식정보를 쏟아내고 있다. 경제, 정치, 사회, 문화, 생활을 창조적으로 파괴하면서 인류문명을 단숨에 몇 단계씩 앞당기고 있다. 그 과정에서 구시대의 낡은 일자리들이 더욱 무서운 속도로 사라져 가는 것이다. 신산업, 신기술이 기존에 만들어졌던 수많은 일자리를 파괴하고 사라지게 만들었다. 그러나 새로 태어난 일자리가 사라진 일자리를 채우지는 못했다. 이것이 일자리 절벽이다.

미래에 대한 전망도 절벽이다. 미래학자 토마스 프레이, 옥스퍼드대 연구팀, 일본 정부, 영국 정부…. 그리고 4차 산업에 관심 있는 정치인, 경제인, 수많은 전문가와 지식인은 걱정스러운 시선으로 일자리 세계의 추세를 주시하고 있다. 제4차 산업혁명과 함께 사라져가는 일자리는 인류 문명 발전에 큰 재앙이 될 수 있다. 과연 4차 산업혁명은 일자리 기근을 극복하지 못하고 인류문명의 파괴자로 전락할 것인가?

아니다. 길이 있다. 제4차 일자리혁명 속에 해법이 있다. 지금까지 3차에 걸친 산업혁명 과정에서 나타난 과학기술 및 관리혁명은 새로운 생산방법, 생산 시스템의 개발로 생산능률을 크게 향상시켰다. 그러나 한편으로 새로운 기술은 일자리 증가 속도를 늦추고 기존의 일자리를 사라지게 하는 역할을 해 왔다. 동시에 다른 한편에서는 생산 증가, 시설 및 연관 산업에 대한 투자 증가, 판매·소비 증가, 관리 인력의 증가로 인해 전체 일자리는 크게 늘었다. 1~3차 산업혁명 때는 이와 비슷한 패턴으로 일자리 위기를 해결해 왔다.

제1차 산업혁명 때 기계화·자동화된 생산방법으로 인해 생산물량이 크게 늘었고, 관리혁명으로 분업의 원리가 도입되어 산업생산은 더욱 무섭게 늘었다. 예컨대 애덤 스미스가 개발한 핀의 원리_{분업의 원리-생산 공정의 개혁}에 따르면 노동자 20명이 각각 모든 생산 공정을 독자적으로 수행하면 1인당 하루 10개씩, 모두 200개의 핀을 생산하는 데 그친다. 그러나 노동자 20명이 공정을 20개로 나누어 핀을 만들면 하루 4만 8천 개를 생산할 수 있다. 생산 능률이 240배나 증가한다.

생산이 폭증하면 물품이 과잉생산 되어 금방 생산 공정이 중단될 수 있다. 그러나 핀 생산의 증가는 분업에 따른 시설 및 연관 산업에 대한 투자와 함께 엄청난 판매·소비의 증가를 유발했다. 이를 감당하기 위해 일자리가 크게 늘었다. 덩달아 인구도 더욱 무서운 속도로 늘었다. 그 때문에 1차 산업혁명 시대인 영국 왕 조지 3세가 재임한 60년 동안 영국의 인구는 2.1배나 늘었지만, 실업문제는 나타나지 않았다. 일자리 정책은 처음 태어날 때부터 작은 정부와 자유방임주의가 이끌어 왔다. 정부의 간섭이나 참견은 금기사항이었다. Laissez Faire, Laissez Aller

2, 3차 산업혁명도 같은 패턴이었다. 다시 정리해 보자. 과학기술혁명과 관리혁명으로 산업 생산, 판매, 소비가 엄청나게 늘었다. 특히 테일러 시스템, 컨베이어 시스템 등의 관리혁명은 산업 생산을 무섭게 늘려나갔다. 마침내 시장경제 시스템에 큰 고장이 났다. 생산은 넘쳐흐르는데 소비가 생산을 따라가지 못했다. 당연히 재고가 늘면서 가동률이 떨어지고 실업자가 넘쳐흐르기 시작했다.

마침내 1930년대에 대공황이 찾아왔다. 1932년 11월 3일, 미국 대통령 선거가 있었다. 당시 미국의 실업자 수는 950만 명, 파산한 은행은 1만 5천 개를 헤아렸다. 이듬해 3월 4일, 대통령 취임식 날 실업자 수는 1,900만 명, 파산한 은행 수는 3만 4천 개를 넘어섰다. 미국경제가, 미국 정부가 지탱할 수 없는 상태가 됐다. 때를 기다리던 루스벨트 대통령은 취임식 당일 새벽 5시에 은행 휴업을 선언하고 비상 국회를 소집했다. 그리고 비상 국회에서는 뉴딜정책 관련 110개의 법안을 무더기로 통과시켰다. 큰 정부를 만들고 큰 정부가 다시 일자리를 만들어 내는, 이른바 뉴딜정책이 출범한 것이다. 루스벨트 대통령은 안도의 한숨을 내쉬었다. 그러나 이때부터 미국경제는 골병이 들기 시작했다.

큰 정부의 정부 주도형 일자리 창출 정책인 뉴딜정책은 많은 논란을 불러일으켰다. 1932년 대선 과정에서부터 뉴딜정책은 큰 논란을 불러일으켰던 것이다. 루스벨트 후보의 라이벌인 후버 대통령은 대선 과정에서부터 루스벨트를 사회주의자, 공산주의자로 매도하면서 거센 공격을 퍼부었다. 일자리 정책은 원래 태어날 때부터 작은 정부와 자유방임정책이 이끌어 왔다. 정부의 간섭이나 참견은 금기사항이었으나 대공황 때는 워낙 일자리 문제가 심각해져 비상대책으로 정부가 참견하게 된 것일 뿐이었다.

아니나 다를까, 큰 정부 일자리 창출 정책은 금방 탈이 나기 시작했다. 1936년 즈음부터는 과도한 재정지출과 정부 일자리 창출 정책에 따른 비능률과 낭비적 집행, 관료주의와 규제주의가 살아나는 등 많은 문제가 제기됐다. 그래서 정부가 골머리를 앓고 있을 즈음 제2차 세계 대전이 터졌다. 전쟁이라는 특수 경기에 실려 큰 정부 일자리 정책의 문제점들은 일단 수면 아래로 가라앉았다. 그러나 1948년, 전쟁이 끝나자마자 트루먼 대통령은 후버위원회를 만들어 큰 정부의 문제점들을 대부분 신속하게 시정했다. 세계 경제사상 처음 등장한 큰 정부 일자리 정책은 15년 만에 운명을 마감한 것이다.

그러나 2차 대전 후, 영국의 애틀리 정권을 필두로 많은 공산권 국가들이 큰 정부를 만들어 일자리 창출을 하겠다고 구름처럼 몰려들었다. 그러나 모두 실패했다. 끝내 나라가 망했다. 애틀리 정권은 6년으로 마감했다. 나라도 망하고 경제도 망했다. 우후죽순처럼 일어났던 소련, 중국, 동유럽의 공산권 국가들, 그리고 일부 중남미 국가들까지 큰 정부를 만들어 일자리를 창출하겠다고 거창하게 외치다가 모두 망했다. 모든 나라의 경제가 망가졌다. 일자리를 만들어 내는 데 실패했다. 국민은 살아남는 것이 고생길이 되었다. 정부는 폭정을 일삼고 국민은 저항했다. 40년을 버티지 못하고 모두 망했다. 체제가 무너져 버린 것이다. 1848년 칼 마르크스가 공산당 선언을 한 지 120년 만에 공산주의 체제가 지구상에서 대부분 사라져 버렸다. 결국, 일자리 창출 정책에 실패했기 때문이다. 큰 정부를 만들고 정부가 일자리를 만들어 내려다 실패한 것이다.

영국은 대처개혁-대처리즘으로 30년 만에 큰 정부 정책에 종지부를 찍었다. 대처는 공무원 수를 30%나 줄여서 작은 정부를 만들고, 그 많은 국영 기업을 전면 민영화했다. 그렇게 과감한 개혁을 단행하며 철의 여인이라는 별명을 얻어냈다. 그리고 대영제국을 부활시켰다. 미국의 클린턴 대통령도 공무원 수를 30%나 줄이고 IT 벤처 산업을 일으켜 아메리칸 르네상스를 일구어냈다. 큰 정부를 만든 나라는 모두 망했다. 국운이 완전히 기울기 전에 작은 정부로 전향한 지도자들은 끝내 크게 성공했다.

이제 제4차 산업혁명시대가 활짝 열렸다. 디지털시대, IoT 시대, 융·복합시대, 스마트시대, 인공지능시대가 왔다. 이런 대변혁의 시대에 큰 정부 일자리 창출 정책은 가당치 않다. 정치하는 사람, 경제하는 사람, 기업을 경영하는 사람, 교수, 전문가, 각급 지도자, 일자리를 찾는 사람들이 분명히 알아야 한다. 큰 정부를 만들고 정부가 일자리를 만들어 낼 수 있다는 생각을 하면 안 된다. 당사자도 망하고, 나라도 망한다.

큰 정부는 왜 안 된다는 것인가. 큰 정부는 경제원칙에 위배되기 때문이다. 그럼 경제원칙은 무엇인가. 최소의 비용으로 최대의 성과를 일구어내는 것이다. 그런데 큰 정부는 최대의 비용으로 최소의 성과를 얻어 내게 된다. 왜 그런가? 바로 관료주의 때문이다. 그래서 큰 정부는 망하고, 작은 정부는 성공했다. 대처와 클린턴의 성공은 작은 정부가 일구어낸 것이다.

지금 우리나라는 국민 생활의 70%가 사이버공간에서 이루어지고 있다. 청년 생활의 90% 이상이 사이버공간에서 이루어지고 있다. 그렇다면 일자리 창출도 정부가 외부에서 참견하면서 감 놔라, 대추 놔라 할 것이 아니라 사이버공간에서 신속하게 능률적으로 이루어지도록 해야 한다. 지난 4월 3일, 인터넷은행 K뱅크가 문을 열었다. 1년 365일을 24시간 언제든 제한 없이 스마트폰으로 은행 업무를 볼 수 있다. 게다가 금리 메리트가 크다. 예금 금리는 높다^{연 1.50→2.0%}. 그리고 대출 금리는 크게 낮다^{연 4.46→2.73%}. 그럼 청년들은 어느 쪽을 선호하겠는가.

　이미 일자리 대통령이 되겠다고 선언한 후보는 특히 청년 일자리 창출을 강조했다. 그러나 해당 후보가 제시한 일자리 정책의 속을 살펴보면 어떤가? 대통령 직속 일자리 위원회 만들고, 청와대에 일자리 상황실 만들고, 대통령집무실에 상황실 만들고, 일자리정부 만들고, 공공부문 일자리 81만 개, 노동시간 단축으로 50만 개 일자리 만들고…. 시대의 흐름에 전혀 어울리지 않고 영양가도 없는, 80년 전에 남들이 다 써먹어 본 구시대의 낡은 일자리 정책뿐이고 가장 중요하고 강조했던 청년 일자리 창출 정책이 없다. 특효약인 기적의 AI 일자리혁명에 대해서는 언급조차 없다. 이런 기적의 일자리혁명 콘텐츠가 이미 개발돼 실용화 단계에 와 있다는 사실조차 모르고 있는 것은 아닌가. 필경 제4차 산업혁명과 제4차 일자리혁명의 차이도 구별하지 못하고 있음이 분명하다. 도대체 디지털시대, 스마트시대, 인공지능시대에 구시대적인 큰 정부 일자리 창출 정책으로 무슨 일자리를 어떻게 만들어 내겠다는 것인가. 요컨대 사이버 시대에 정부가 일자리를 창출하겠다는 것은 일자리를 만들어 내는 것이 아니라 일자리 창출을 방해하겠다는 것 외의 다른 해석을 할 수가 없다. 그동안 거대한 싱크탱크는 무엇을 했을까? 큰 정부가 일자리 창출을 훼방 놓듯이 큰 싱크탱크도 일자리 창출 정책에 훼방을 놓고 있었음이 분명하지 않은가?

큰 정부 일자리 창출 정책에 문제를 제기하고 국운을 기울게 하는 정책이라고 폄하한 것은 악담하자는 것이 아니다. 그가 대통령에 당선될 가능성이 가장 크기 때문이다. 그리고 그가 당선되어 큰 정부 일자리 정책이 그대로 실행되면 경제가 망가지고 나라가 망가질 것이 불 보듯 뻔하기 때문이다. 지금 대한민국과 후보 자신을 위해 잘못된 공약을 하루빨리 거두라고 충고하고 있는 것이다. 그리고 이미 쏟아놓은 구시대적 정책에 집착하다가 대사를 그르치지 말고 큰 정부 정책을 당장 버리고 차세대 AI 일자리혁명 대열에 앞장서서 참여하는 것이 국가와 국민을 위해서 이 시대의 지도자가 가야 할 길이라고 말하고 있는 것이다.

정치인들의 위대한 착각

▪ 대선 선두후보의 착각

정부가 일자리를 만들어 내겠다고요? 그건 말도 안 되지요. 정부가 일자리를 만들어 내면 나라가 망합니다. 250살짜리 일자리는 태어날 때부터 자유방임이었고 작은 정부 편이었지요. 최초의 큰 정부 일자리는 미국의 루스벨트 대통령이 뉴딜정책으로 만들어냈는데, 후버위원회, 클린턴 개혁이라는 2회에 걸친 큰 수술을 받고 작은 정부를 만들어 살아났습니다. 두 번째로는 영국의 애틀리 수상이 만든 큰 정부가 있는데, 결국 영국 경제의 파산을 불러왔죠. 철의 여인이라 불리는 대처 수상이 작은 정부를 만들어 겨우 살려냈습니다. 공산국가들의 큰 정부는 북한 빼고는 모두 역사 속으로 사라졌습니다. 정부가 일자리를 만들어 낸다는 것이 말도 안 된다는 것은 역사적 교훈입니다.

▪ 대선 경쟁후보의 착각

제4차 산업혁명으로 일자리 문제를 해결하겠다고 했지요? 옳은 얘기인데 반쪽짜리 정답이지요. 산업혁명 쪽에서는 해답이 나오지 않습니다. 분명 산업혁명은 좋은 일자리를 많이 만들어 내지만, 산업혁명에만 초점을 맞추게 되면 훨씬 더 많은 일자리를 사라지게 합니다. 4차 산업혁명의 핵심인 인공지능을 제4차 일자리혁명에 접목해 보면 어떨까요. 사라지는 일자리보다 훨씬 더 많은 일자리를 만들어 낼 수 있을 것입니다.

정치인들의 착각은 못 말리지요. 도무지 잘못을 인정하려 하지 않습니다. "AI 일자리혁명"이 깨우쳐 주어야 합니다. 선거 때 국민이 심판해 주셔야죠.

4

큰 정부 일자리 정책은
경제파탄 · 국가파산 부른다

제2차 세계대전 때 영국의 전시내각에서 있었던 에피소드 한 토막을 먼저 소개한다.

1943년 5월 어느 날 오전 9시에 시작된 전시 연합 내각회의가 낮 12시가 다 되어 끝났다. 각료들이 서둘러 찾아간 곳은 화장실이었다. 화장실에는 처칠 수상과 애틀리 노동당 당수가 나란히 했다.

용변 도중 애틀리는 자꾸 처칠의 소중한 것을 보려고 기웃거렸다. 처칠은 자꾸 몸을 돌려가며 감추었다. 용변 후 애틀리가 물었다. "뭘 자꾸 감추세요?" 처칠이 대답했다. "당신네 노동당은 자꾸 큰 것만 보면 국유화하려 해서 감추었소."

영국 국민은 종전 후 총선에서 전쟁영웅 처칠을 그만두게 하고 애틀리를 선택했다. 전쟁영웅 처칠이 독재할까 두려워서였다. 세계는 깜짝 놀랐다. 많은 지식인은 영국의 성숙한 민주주의를 칭찬했다. 그러나 애틀리가 정권을 쥔다고 해서 영국이 번영하지는 않았다.

수상에 선출된 애틀리는 예상했던 대로 큰 정부, 국유화 정책을 강력하게 밀어붙였다. 일화 속 처칠이 우려한 대로 큰 것은 무엇이든 국유화하는 정책을 펴나갔다. 이때 영국의 기간산업 대부분이 국유화되었다. 그뿐만 아니라 노동당 당수답게 노동자의 권익 보호에 심혈을 기울였다. 노동자가 큰 정치 세력으로 떠올랐다. 특히 에너지 산업인 탄광노조가 가장 큰 영향력을 행사하게 되었다.

애틀리는 또 복지정책에도 정열을 쏟아부었다. '요람에서 무덤까지 잘사는 나라' 영국 복지 정책의 틀을 완성했다.

세계에서 가장 잘사는 나라였던 영국의 경제는 이때부터 골병이 들기 시작했다. 일하기 싫어하고 놀기 좋아하고 책임지는 사람이 없는 국영기업은 비능률의 표본이 되었다. 노조는 정치·경제·사회 각 분야에서 강력한 영향력을 행사하게 되었다. 세계 최초로 산업혁명을 한 영국이 과도하게 큰 정부와 복지 정책을 펼치다가 후발주자였던 독일에게 밀린 것이다.

무엇보다도 산업혁명 때 영국이 처음 만들어 낸 작은 정부, 시장경제의 원칙이 무너지고 미래비전이 없는 세상이 되어 버렸다. 영국 경제는 반신불수가 되어버렸다. 노동당 집권 후 30년 만에 영국 경제는 파탄이 났다. 국가는 파산지경에 이르렀다. 뒤이어 등장한 보수당의 대처 총리는 애틀리의 반 시장경제 정책을 바로잡느라 죽을 고생을 했다.

먼저, 노조와의 전쟁이 시작됐다. 대처는 영국 최강의 탄광노조를 제압했다. 이어 영국 정부의 공무원 수를 76만 명에서 52만 명으로 30% 감원했다. 특히 비능률의 상징인 국영기업의 전면 민영화에 나섰다. 이 과정에서 실업자가 급격하게 늘어 한때 300만 명에 이르렀다. 그러나 민영화를 통해 기업 활동이 활성화되면서 대부분의 사람이 더 좋은 직장에서 더 많은 봉급을 받고 일할 수 있게 되었다. 이것이 철의 여인 대처의 작은 정부 개혁 정책이다. 대처 개혁-대처리즘에 힘입어 영국은 겨우 부활했다.

1930년대의 대공황과 제2차 세계대전 이후의 전쟁 복구 및 복지정책을 수행하느라고 세계 각국은 정부기능이 확대되고 정부와 공공부문이 크게 늘어났다. 그러나 30년도 못 가서 큰 탈이 났다. 1970년대 들어 스태그플레이션이 나타났다. 정부가 돈을 퍼붓는데 일자리는 생기지 않고 물가만 올랐다. 이때 불황 속의 인플레-스태그플레이션의 정책대안으로 나온 것이 작은 정부였다. 큰 정부와 함께 비능률과 낭비의 상징이 되어버린 영국 경제를 바로잡고 작은 정부의 시장경제로 돌아가자는 것이 70년대 후반부터 시작한 신자유주의였다.

신자유주의가 표방한 작은 정부는 대처 총리가 시작했다. 대처는 작은 정부로 크게 성공했다. 어렵게 대영제국의 명맥을 유지하게 됐다. 2번 타자로서 등장한 미국의 빌 클린턴 대통령은 연방정부 공무원 수를 30% 줄이고 예산을 40% 절감했다. IT 벤처 산업을 일으키고 생산적 복지정책을 펼쳤다. 역시 크게 성공했다. 40년 묵은 미국의 고질적 재정적자를 흑자로 전환했다. IT 벤처산업 육성과 생산적 복지정책을 통해 완전고용을 달성했다. 경제성장률이 3~5%까지 뛰어올랐으며 주가가 7,000선에서 13,000선까지 치솟았다. 아메리칸 르네상스가 실현되는 순간이었다.

3번째 타자는 한국의 김대중 대통령이다. 먼저, 경제철학을 바꾸었다. 대중경제를 버리고 민주주의와 시장경제를 택했다. 작은 정부로 갔다. 정부 공무원을 2만 명 줄였다. 정부 수립 이래 처음 있는 일이었다. 클린턴의 IT 벤처 산업과 생산적 복지정책을 도입했다. 한류 문화 육성 정책도 김 대통령이 처음 제시했다. 그밖에도 165조 원 공적 자금 투입을 비롯한 수많은 개혁 정책을 도입해 IMF 외환 위기로 다 쓰러져 가던 한국 경제를 다시 살려냈다. 집권 첫해 -6.7%였던 경제성장률을 남은 임기에 연평균 6%까지 끌어올린 것이다. 그런 가운데서도 시장 경제 원칙을 철저하게 견지했다.

4번 타자는 독일의 메르켈 수상이다. 그는 김대중 대통령처럼 공무원 감원을 최소화하는 대신 관료주의 척결에 몰두했다. 이어 제4차 산업혁명의 문을 연 인더스트리 4.0 정책을 도입해 제조업 경쟁력을 세계 최고로 끌어올렸다.

또 한 사람이 있다. 아일랜드의 메리 로빈슨 대통령이다. 영국의 식민지 통치를 받으면서 아이리시라며 천대받던 아일랜드를 사회적 합의 정책, 작은 정부와 법인세 인하, 외국 자본 도입 자유화 정책을 통해 1인당 소득이 영국보다 2만 달러나 많은 부국으로 키워냈다.

앞에 열거한 5개 국가 지도자의 공통된 특징은 큰 정부에 의지하던 낡은 의식을 깨고 작은 정부를 선택한 것이다. 큰 정부에서 나타난 관료주의, 비능률, 규제주의를 청산하고 작은 정부로 갔기 때문에 성공했다. 특히 모두 시장경제 원리를 충실히 따른 것이 성공의 요체였다.

21세기의 세상은 크게 달라졌다. 특히 디지털시대, 스마트시대, 인공지능시대가 덮쳤다. 각국은 앞다투어 작은 정부, 규제 완화, 시장경제 원리를 지키는 데 충실했다. 당연히 일자리 정책도 시대의 흐름에 맞추어야 한다. 이런 시대에는 정부가 돈을 뿌려가며 일자리를 창출한다고 떠들고 다녀선 안 된다. 이미 개발돼 있는 인공지능 콘텐츠가 정부보다 10~20배 능률적으로 일자리 문제를 해결할 수 있다는 것쯤은 알아야 한다.

세상이 이렇게 바뀌었는데 한국에서는 이상한 현상이 나타나고 있다. 유력 대선후보가 일자리 창출을 위해 "작은 정부가 좋다"는 미신을 이제 끝내야 한다며 큰 정부로 가겠다고 선언했다. 세계의 모든 나라가 비능률적, 비경제적, 비생산적인 정부 공공부문을 줄이고 있는데도 정부와 공공부문이 최대의 고용주라면서 정부 부문의 일자리 창출을 확대해 일자리 문제를 해결하겠다고 강조하고 나선 것이다. 이런 시대착오적인 정책을 내놓은 후보자가 지지율 1등을 하고 있다. 도대체 한국은 지금 어디로 가고 있는가?

세계 경제사를 더듬어 보면 큰 정부, 반 시장경제로 간 나라는 모두 실패했다. 소련 공산당은 자취를 감추었다. 중국 공산당은 환골탈태해서 시장경제에 가장 충실한 나라가 됐다. 세계 경제 흐름에 역행하는 큰 정부, 반 시장경제 정책으로는 일자리를 만들고 경제를 살릴 수 없다.

그의 공약대로 가면 국가적인 큰 재앙이 따를 수밖에 없다. 그것은 곧 경제파탄이자 국가파산을 의미한다. 특히 큰 정부의 방식으로 일자리를 창출하려면 막대한 자금이 필요하다. 자금을 마련하려면 증세를 하거나 국공채외채포함를 발행할 수밖에 없다. 이런 혹독한 불경기 속에서 막대한 규모의 증세나 국공채 발행을 단행하는 것은 폭정Tyranny일 뿐이다. 세계 경제의 흐름이 어떠한가. 모든 나라가 작은 정부로 가고 있는데 홀로 큰 정부를 들고나온 것은 어느 모로 보나 시대를 역행하는 발상이다. 큰 정부는 경제 민주화 흐름에도 맞지 않는다. 큰 정부를 주장하며 내놓은 정책 대안도 서로 아귀가 맞지 않으며 통계수치도 맞지 않는다.

그는 정부가 좋은 일자리를 만들어 낸다면서 정부·공공부문의 일자리 창출을 강조했다. 그러나 정부는 좋은 일자리를 만들어 낼 수 있는 곳이 아니다. 하위직은 박봉에 미래비전이 있는 곳이 아니다. 정부 일자리를 선호하는 것은 신분이 보장돼 있어 무사안일하게 지낼 수 있다는 장점 때문이다. 그들은 디지털 시대에 역할이 줄어들기 때문에 국가 경제, 국민 생활에 대해 규제하고 간섭하는 일이 대부분이다. 그래서 그들은 시장경제를 옥죄는 역할을 하게 된다.

작은 정부와 시장경제는 일자리 창출의 대원칙이다. 정부가 일자리를 만들어 낸다는 것은 경제를 배운 사람이라면 금기사항으로 여긴다. 큰 정부를 만들고 정부가 일자리를 만들어 내는 나라는 모두 국가파산, 혹은 경제파탄으로 막을 내렸다.

다시 정리해 보자. 직업이라고 할 만한 일자리가 처음 탄생한 것은 산업혁명 때였다. 그전까지 일자리는 생업의 수단일 뿐이었다. 산업혁명과 함께 일자리가 하나의 독립된 직업으로 새로 태어난 것이다. 산업혁명 과정에서 영국 경제는 농업혁명, 인구혁명, 일자리혁명이 뒤범벅되어 큰 혼란을 겪었다. 그러나 당시 과대망상에 빠져있던 영국 왕 조지 3세는 대혼란에 빠진 국내 문제는 내팽개치고 신대륙 미국에 건너가 식민지 경략에 열중했다. 그는 영토를 가장 많이 넓힌 로마의 트라야누스 황제를 모방해 영토 확장에 열을 올렸다. 이때 영국 내의 대혼돈을 지켜보던 글라스코 대학의 애덤 스미스 교수는 마침내 펜을 들었다. 자유방임주의Laissez Faire, Laissez Alle를 외쳤다. 그는 혼란이 마무리된 것은 예정된 조화이고 신의 섭리라고 부르짖었다.

한편, 조지 3세는 식민지 통치자금을 마련하기 위해 세금차세, Tea Taxes을 중과했다. 식민지에서는 이에 반발해 봉기하여 독립을 쟁취했다. 1776년 출간된 애덤 스미스의 국부론과 같은 해에 이루어진 미국의 독립운동은 묘한 대조를 이룬다. 조지 3세의 실수가 영국 내에서는 산업혁명을, 해외에서는 미국 독립운동을 일구어냈다. 조지 3세의 실정이 세계사에 길이 남을 2개의 위대한 혁명을 이끌어낸 것이다.

그 후 작은 정부와 시장경제는 불가침의 경제원칙으로 자리매김했다. 그러나 1930년대 대공황이 세계 경제를 엄습해 왔다. 미국의 루스벨트 대통령이 앞장섰다. 큰 정부를 만들고 정부의 돈을 풀어 일자리를 만들어 냈다. 이 과정에서 순식간에 큰 정부가 돼버렸다. 큰 정부의 폐해를 청산하기 위해 미국의 트루먼 대통령은 48년에 루스벨트에게 반대했던 후버 전 대통령에게 후버위원회를 만들게 해서 비대해진 정부기구를 감량했다. 이어 영국의 애틀리가 큰 정부를 만들었다. 2차 대전 후에는 소련, 중공 등 공산국가들이 큰 정부를 만들어 일자리를 만들어 내고 경제를 살려낸다고 법석을 피웠다. 진보주의자, 개발독재자들도 경제 개발을 하고 일자리를 만들어 낸다고 야단법석을 피웠다. 성공한 사람은 기껏해야 박정희, 덩샤오핑 등이다. 그들도 시장경제 원칙에는 충실했다. 당시는 얼마간 개발독재가 통했던 시절이었다.

이제 큰 정부와 정부 주도형 일자리 창출은 세계 경제지도에서 사라지고 있다. 때마침 디지털 시대, 스마트 시대, 맞춤복 시대, 인공지능 시대가 왔다. 큰 정부, 반 시장경제 정책은 발붙일 땅을 잃어버렸다. 하물며 정부가 돈을 뿌려가며 일자리를 만들어 내는 시대는 더더욱 아니다.

그럼 어디서 좋은 일자리를 만들어 내는가? 먼저 미국경제, 독일경제가 왜 강한지 생각해 보아야 한다. 독일은 인더스트리 4.0을 시작해서 4차 산업혁명의 단초를 열었다. 미국은 정보통신부문이 강해 4차 산업혁명을 주도하고 있다. 두 나라 모두 규제와 간섭이 없고, 시장경제 원칙에 충실한 나라들이다. 미국과 독일은 가장 생산적이고 가장 경제적인 제4차 일자리혁명 관련 ICT, 소프트웨어, 벤처, 인공지능을 개발해서 4차 산업혁명 분야에서 좋은 일자리를 만들어 내고 있다.

그러나 4차 산업혁명 부문은 많은 일자리를 만들어 내는 곳이 아니다. 오히려 수많은 기존 일자리를 사라지게 하는 기능을 한다. 좋은 일자리를 만들어 내려면 제4차 일자리혁명을 해야 한다. 예컨대 AI인공지능의 경우, 제4차 산업혁명에 뛰어들면 기존 일자리를 없애는 기능을 한다. 그러나 4차 일자리혁명에 뛰어들면 알고리즘, 딥 러닝을 만들어 빅 데이터, 표준 직업분류, SNS를 활용해서 소위 좋은 일자리를 수없이 만들어 낼 수 있다. 인공지능을 일자리 창출에 활용하면 기존의 일자리 창출방식보다 10배, 100배의 일자리를 만들어 낼 수 있다. 국고를 탕진하지 않으면서 일자리는 일자리대로 만들어 낼 수 있는 기적의 일자리 창출 모델이 개발된 것이다. 그래서 4차 산업혁명은 4차 일자리 혁명과 함께해야 한다.

인공지능 일자리 콘텐츠는 해외 일자리 시장을 이웃집 드나들듯 하면서 미국, 영국, 중국, 일본, 아프리카 등의 일자리를 마치 관광하듯 돌아다니며 취업할 수 있다. 디지털 유목민이라 불리는 청년들의 일자리 창출에는 안성맞춤이다. 이런 이치를 모르고 생계비 수준^{연 2,200만 원}의 공공부문 일자리만 좋은 일자리로 착각해서는 안 된다. 이런 사람의 머리는 20세기 아날로그 시대에 머물러 있는 것이다.

그는 공공부문 일자리를 강조하면서 우리나라는 공공부문의 일자리가 모자란다고 개탄했다. 그러나 우리나라는 수많은 공기업이 중구난방으로 설립되어 있다. 공공부문 일자리가 너무 많아 걱정이다. 여기서 많은 일자리가 나온다는 사실을 간과하고 공공부문 일자리를 늘리겠다고 푸념만 일삼고 있다.

또한, 그는 의료, 교육, 복지부문의 일자리도 정부의 주도로 돈을 써서 늘려야 한다고 강조하고 있다. 그러나 소득수준과 대비해 보면 공공부문의 일자리가 크게 모자란 것도 아니다. 또 외국은 그 나름의 특색이 있는 방법으로 복지부문 일자리에 접근하고 있다는 것을 모르고 있는 것 같다. 예컨대 미국의 경우, 우리나라의 NGO와 같은 NPO^{Non Profit Organization}가 사회복지 부문의 일자리를 담당하고 있다. 정부와 대기업, 민간으로부터 매년 4,000억 달러 상당의 기부를 받아 미국 전체 일자리의 9.5% 상당, 1,200만 개 일자리를 만들어 내고 있다. 많은 정치인과 보좌관들은 NPO에서 사회봉사 활동을 하다가 선거에서 당선되면 정치인으로 변신하고, 낙선하면 다시 사회활동 봉사자가 된다.

복지부문의 일자리나 서비스는 대폭 늘려야 한다. 그러나 소득수준에 맞게 추진해야 한다. 1인당 소득 2만 달러 수준의 국가가 4~5만 달러 수준의 국가들과 어깨를 나란히 할 수는 없다.

또, 우리나라의 청년 실업률이 9.8%라고 개탄하면서 대책도 제시하지 못한 채 어물쩍 넘어가고 있다. 그러나 그는 실업률 통계를 아주 잘못 이해하고 있다. OECD 통계에 따르면 우리나라 청년 취업은 27%로, OECD 국가 평균치 43%보다 16% 낮다. 이런 심각한 상태의 청년실업 문제를 확인도 않고 청년실업률이 진짜 9.8%인 것으로 착각하고 대책도 제시하지 않는다. 공식통계상의 실업률 3%도 진짜로 믿어서는 안 된다. 잘나가고 있는 미국과 독일의 실업률이 4%인데 우리는 3%에 불과하다. 미국 전 대통령인 오바마는 일자리 정책 잘했다고 퇴임 시기 지지율이 60%까지 치솟았다. 왜 그랬을까? 그 이유를 알아야 한다.

21세기는 일자리 창출 방법부터 전혀 다른 모습으로 바뀌어 있다. 일자리의 창출과 발굴은 좁디좁은 국내시장을 상대로 정부나 공공부문, 대기업이 하는 것이 아니라, 인공지능이 세계시장을 상대로 알고리즘, 딥 러닝, 방통융합, 빅 데이터, 국제 표준 직업 분류, SNS, 스마트 디바이스 등을 활용해서 거의 무한대로 찾아내는 것이다. 교육 훈련도 아날로그 시대처럼 오프라인에서, 강의실에서 주입식 교육을 하는 것이 아니라 온라인에서, 사이버공간에서 1대1로 자유롭게 이루어진다. 이미 교육·훈련의 약 70%가 사이버공간에서 이루어지고 있는데 여기에 인공지능이 가미되면 실험, 실습, 실무를 제외한 전 교육·훈련 과정이 정부의 규제와 간섭이 없는 온라인, 사이버공간으로 옮겨가게 된다.

천년 제국, 로마의 멸망은 외적의 침탈 때문에 무너진 것이 아니다. 지도층 내부의 사치 향락, 무능과 부패 때문에 내부에서부터 붕괴한 것이다. 대한민국은 북한의 핵실험, 미사일 발사 때문에 무너지지 않는다. 대통령이 일자리 정책을 잘못 펼치면 스스로 무너지게 될 것이다. 일자리는 이 시대의 화두다. 너도 나도 일자리 대통령이 되겠다고 덤벼들고 있는 5·9대선에서 일자리 백치는 반드시 배제해야 한다.

5

이 시대의 화두
– 인공지능 일자리혁명은 킹메이커인가?

작은 정부는 하늘의 축복, 큰 정부는 하늘의 저주

대통령 하겠다는 사람들은 너나 할 것 없이 일자리 대통령이 되겠단
다. 일자리는 이 시대의 화두가 됐다. 인공지능 일자리혁명은 이 시대
의 가장 뜨거운 이슈가 됐다. 그러나 대부분의 후보자는 일자리가 무
엇인지도 잘 모르고 일자리 대통령을 하겠다고 나선다. 후보자들이 내
놓은 일자리 정책은 대부분 허울만 좋은 허점투성이 정책이다. 큰 실
언, 큰 실수를 하고 있으면서도 실수한 줄도 모른다. 경쟁 후보들도 대
안을 내놓지 못하고 있다. 영락없이 그리스가 망해가는 과정을 밟고
있는 것 같다. 일자리 정책이 잘못 가면 나라가 망한다. 일자리가 없으
면 국민이 고생할 일만 남는다.

일자리가 경제다. 일자리는 생업이다. 일자리가 경제라는 것은 세계 경제사가 증명한다. 경제학의 아버지라는 애덤 스미스는 『국부론』에서 경제라는 말 대신 일자리노동라는 말을 썼다. 좋은 일자리를 많이 만들어 내면 자연히 나라는 부강해지고 국민은 잘 먹고 잘살 수 있다고 했다. 아메리칸 르네상스를 일구어낸 빌 클린턴은 대통령 선거 슬로건으로 "바보야 문제는 경제야"를 내걸었다. 당선 후에는 "바보야 문제는 일자리야"로 바꾸고 크게 성공했다. 당연히 우리의 이번 대선에서도 일자리 문제는 가장 뜨거운 이슈로 등장했다. 당연히 우리나라는 이번 대선에서 일자리혁명을 이룰 수 있는 사람을 대통령으로 뽑아야 한다는 역사적 사명까지 안고 있다.

다시 한번 지금까지 알아본 것을 순서대로 정리해 보자. 산업혁명 1760년대과 더불어 일자리가 생계를 유지하기 위한 하나의 수단에 머무르지 않고 독립된 직업으로 탄생했다. 그리고 그 종류는 무섭게 늘어났다. 당시 영국은 온갖 혁명이 뒤범벅되어 대혼란을 예고했다. 이때 영국 왕 조지 3세는 영국 내 시장의 혼란을 팽개치고 미국 식민지 개척에 몰두했다. 정녕 어리석은 짓을 한 것이다.

그러나 예상과는 달리 대혼란은 잘 수습됐다. 조지 3세의 실정으로 인해 작은 정부가 탄생해 오히려 산업혁명을 촉진하는 계기가 된 것이다. 그 이면에는 인간의 이기심이 있었다. 그것은 하늘의 축복이었다. 애덤 스미스는 보이지 않는 손, 예정조화론, 자유방임주의Laissez Faire,

Laissez Aller, 그리고 작은 정부값싼 정부가 최고의 정부라고 외쳤다. 그 결과 영국은 번영의 길을 질주했다. 이것이 제1차 산업혁명이고 제1차 일자리혁명이다.

170년 후 세계 대공황이 찾아왔다. 미국의 루스벨트 대통령은 정부가 돈을 풀어 일자리를 만들어 내는 뉴딜정책을 시행했다. 큰 정부가 처음으로 탄생한 것. 1938년 즈음에 이미 큰 정부의 효과가 떨어져 가고 있었는데, 제2차 세계대전이 터졌다. 전쟁특수가 일자리 문제를 해결해 주었다. 제2차 일자리혁명이 일어난 것이다. 그러나 큰 정부 시대는 수명이 길지 못했다.

제2차 세계대전 후에 큰 정부가 우후죽순처럼 탄생했다. 영국의 애틀리 수상이 국유화 정책을 강하게 밀어붙였다. 소련, 중국 등 공산권 국가들도 큰 정부를 지향했다. 그러나 큰 정부는 모두 실패했다. 금방 큰 정부의 후유증이 나타나기 시작했다. 맨 먼저 15년도 안 된 뉴딜정책이 도마 위에 올랐다. 1948년 미국의 트루먼 대통령은 루스벨트의 정적이었던 후버 전 대통령에게 후버위원회를 만들게 해서 비대해진 정부기구의 축소작은 정부에 나섰다. 이 전략의 성공에 크게 고무되어 제2차 후버위원회를 만들게 했으나 후버의 사망으로 중단됐다.

이후 패전국인 독일과 일본이 기적적으로 부흥한 것은 매우 특이한 일이다. 패전국이 되어 군대가 없어지고 자연히 작은 정부가 되었기 때문이다. 다만 일본은 뿌리 깊은 관료주의 국가이기에 정부의 기능을 확대하느라 국가 부채가 크게 늘었다. 한국이 이룬 한강의 기적도 작은 정부였기에 성공했다고 봐야 한다. 국방비 부담이 컸기 때문에 정부는 작게 갔다.

1970년대 들어 스태그플레이션이 나타났다. 큰 정부가 만들어 낸 부작용이었다. 그래서 작은 정부로 돌파구를 찾을 수밖에 없게 됐다. 영국의 대처, 미국의 클린턴, 한국의 김대중, 아일랜드의 메리 로빈슨, 독일의 메르켈까지, 모두 작은 정부로 성공했다. 특히 대처와 클린턴은 약속이나 한 듯이 정부 공무원 수를 30%씩이나 줄였다. 두 지도자는 작은 정부를 만들어 영국과 미국이 앓던 병을 치료했다.

큰 정부는 폭정의 뿌리-대통령 후보의 무덤

큰 정부는 관료주의, 규제주의의 온상이다. 예외 없이 경제파탄, 재정파탄, 민생파탄, 국가파산이 일어났으며, 국민은 도탄에 빠졌다. 큰 정부는 20세기 공산주의 국가의 바탕이 되었으며, 관료주의, 규제주의의 안식처가 된다. 국민을 게으르게 만든다. 일하는 사람, 노는 사람을 가리지 않고 동등한 대우를 하기 때문이다. 그래서 큰 정부는 폭정의 뿌리가 된다. 이제 큰 정부는 역사적인 유물이 됐다. 역사박물관 깊숙한 곳에 잠들어 있어야 할 정책이 된 것이다.

큰 정부를 만들겠다는 일자리 정책 공약에 깜짝 놀랐다. 이대로 가면 문 후보가 대통령에 당선될 터인데 이런 시대착오적인 일자리 공약을 제시한 후보가 당선되면 나라가 망하는 비극이 올 수 있기 때문이다. 끝내 한국은 동양의 그리스가 될 수밖에 없는 것인가. 더욱 놀라운 것은 문 후보가 5년 전2012. 9. 16. 통합민주당 대통령 후보 수락 연설에서 첫 번째 공약으로 "일자리혁명의 문을 열겠다. … 특히 청년 실업 문제를 해결하겠다. 대통령 직속 국가 일자리 위원회를 설치하겠다. 그 밑에 청년 일자리 특위를 설치하겠다."라고 공약한 바 있기 때문이다.

그해 필자는 월간 신동아 6월호에 "제4차 일자리혁명은 유비쿼터스 일자리 만들기"라는 글을 기고했다. 그 글에서 대통령은 당장 일자리혁명을 선포하고 다른 생각은 하지 말고 일자리 창출에 매진하라고 촉구했다. 당시 문 후보가 일자리혁명을 선언한 것을 필자의 글에 대한 응답으로 착각했다. 그러나 5년 후, 지금에 와서 문 후보의 큰 정부 일자리 창출 정책은 50년 뒷걸음질한 것으로 나타났다. 그동안 필자의 일자리 창출모델은 전천후Ubiquitous모델에서 창조경제 일자리 창출모델, 방통융합모델을 거쳐 50년 앞을 내다보는 인공지능 일자리 창출모델로 발전해 왔다. 5년 전 일자리혁명을 하겠다던 동지가 이렇게 다른 길로 갈라설 수도 있는 것에 놀라움을 금할 수 없다.

문 후보가 5년 전에 제시한 일자리혁명의 결정판을 이번에 내놓기를 기대했다. 그러나 기대와는 정반대의 결과가 나왔다. 디지털 시대, 인공지능 시대에 이런 일이 일어날 수 있을까? 문 후보는 하루빨리 50년 이나 뒤처진 큰 정부 일자리 창출 정책을 청산하고, 국민에게 정중히 사과한 후 인공지능 일자리혁명 대열에 참여해야 대선을 큰 탈 없이 치를 수 있다고 충고하고 싶다.

그러나 이런 문제는 문 후보 한 명만의 문제가 아니다. 국민의당 등 다른 후보들도 큰 정부 일자리 창출 정책이 국민을 도탄에 빠트리는 치명적인 문제점이 있다는 사실을 모르고 있다는 것은 아주 큰 문제다. 가장 근사한 대안을 제시한 사람은 국민의당 안철수 후보이지만, 제4차 산업혁명을 통해 일자리 문제를 해결하겠다고 어물어물 넘어가려 하고 있다는 것을 보면 안 후보 역시 헛발질을 하고 있는 것이다. 그도 제4차 산업혁명은 많은 일자리를 사라지게 한다는 사실을 올바르게 이해하지 못하고 있는 것이다. 그리고 4차 산업혁명이 많은 일자리를 없앰과 동시에 4차 산업혁명을 이끌고 있는 핵심기술로 4차 일자리혁명이 이루어지면 사라지는 일자리보다 훨씬 더 많은 양질의 일자리를 만들어 낼 수 있다는 사실을 모르고 있는 게 아닌가. 일자리에 대한 심도 있는 이해가 조금 모자란 것은 아닌가.

아무튼, 다른 후보들은 큰 정부론이 제시한 81만 명 일자리 창출 계획에 압도되어 문제 제기도 비판능력도 잃어버렸다. 기껏 한다는 비판이 정부의 재정 부담이 십몇조 원 늘어난다는 것이다. 큰 정부 일자리 정책은 최악의 선택인데, 그 많은 대통령 후보자 중에 제대로 비판도 대안도 제기한 사람이 없다. 대한민국은 정녕 큰 정부 국가로 가는 것인가?

아니다. 그러면 진짜 나라가 망한다. 진짜 국민은 도탄에 빠진다. 대통령 후보들이 큰 정부가 되면 나라가 망한다는 진실도 모른다면 국민이 무지한 정치인들에게 지혜를 빌려주어야 한다. 아무래도 큰 정부의 문제점부터 지적해야 할 것이다.

먼저 핵심적인 문제를 짚어 보자. 큰 정부가 만들어 낸 일자리는 대부분이 생산성이 낮은 저질 일자리, 없어져야 할 일자리, 허드렛일자리, 사라져가고 있는 일자리라는 것을 지적해야 할 것이다. 특히 공공부문 일자리는 관료주의, 규제주의와 맞물려 일자리 창출과 경제발전을 가로막고 있는 암 덩어리라는 것을 알아야 한다.

이미 국민 생활의 약 70%는 사이버공간에서 이루어지고 있다. 지하철을 타면 탑승자의 9할은 스마트폰을 손에서 놓지 못하고 있다. 그런 사람들에게 81만 개의 낡은 일자리는 무용지물이다. 디지털시대, 사이버시대에 맞는 일자리를 만들어주어야 한다. 예컨대 정부 지자체 법원 청사 한복판의 널따란 공간에는 거대한 민원실이 자리 잡고 있다. 많은 공무원이 서류 발급, 문서 작성 등을 도와주고 있다. 그러나 디지털시대, 스마트폰 시대에 이런 일들은 가정이나 사무실에 앉아서 처리할 수 있는 것들이다. 그 많은 민원인을 정부 법원에 불러들여 고생시키고 괴롭힐 하등의 이유가 없다. 할 일 없는 공무원들은 일자리를 유지하기 위한 머릿수 채우기 인원일 뿐이지 않은가? 필요 이상으로 넓은 사무실 면적과 근무요원은 10분의 1로 줄여도 능률적으로 일을 처리할 수 있다. 비단 민원실뿐 아니라 일반 사무실 업무도 일하는 일자리 수를 30%, 50% 줄여주면 국민은 편리해지고 사무 처리는 속도가 붙는다. 그뿐인가? 업무는 능률이 올라간다. 거미줄 같은 규제를 혁파하면 이런 폐단을 해결할 수 있다.

그럼 어떻게 해야 하는가. 공공부문 일자리 중 사라질 일자리는 채찍질해서 정리하고 내보낸다. 대신 그만두게 되는 퇴직 공무원에게는 인공지능 관련 일자리, 빅 데이터 일자리, 기타 정보통신데이터 관련 일자리, 해외 일자리 등 양질의 일자리를 대량 발굴해서 첨단산업 부문의 새 일자리를 찾아 매칭해주면 물러나는 당사자들도 만족하고, 모든 국민이 행복해진다. 이런 일을 할 수 있는 것이 인공지능 일자리혁명 콘텐츠다. 너도나도 일자리 대통령이 되겠다고 난리다. 그러나 콘텐츠는 텅 비어있다. 이번 대선 선거판에서 후보들이 인공지능 일자리혁명 경쟁을 하면서 국민적 합의를 이끌어내면 진짜 일자리혁명을 실현할 수 있는 일꾼을 대통령으로 선출할 수 있다. 지도자를 잘 뽑으면 나라는 부강해지고 국민이 잘 먹고 잘사는 것은 당연한 이치다.

그럼, 어떻게 해야 할 것인가? 선거 때 일어난 문제는 선거 때 바로잡아야 하는 법이다. 군소후보, 군소정당이 된 다른 당은 네거티브 전략을 집어치우고 일자리 창출 정책으로 승부를 내야 한다. 이미 대세는 기울어 있고 정치, 외교, 안보분야는 모두 도토리 키 재기 논쟁을 하고 있다. 핫이슈가 돼 있는 일자리 창출 정책에서 선두주자가 큰 에러를 내어 약소후보들에게 기회가 왔다. 그런데 후발주자들은 상대가 무슨 실수를 했는지도 모르고 있다. 하물며 인공지능 일자리 창출 정책과 같은 혁명적 콘텐츠에 근접해 있으면서도 이를 활용할 줄도 모르고 있다. 이때 큰 정부와 반대되는 작은 정부로 맞받아치면 오히려 크게 성공할 수 있음에도 일자리 백치 노릇만 하고 있다. 큰 정부 일자리 정책을 바로잡지 못하면 선거판은 굳어지고 국민은 고생할 일만 남을 것이라는 점은 분명하다.

　구체적으로 군소정당 후보와 선두 후보가 일자리 정책 토론을 진지하게 벌여야 한다. 또, 큰 정부는 새 시대엔 잠꼬대에 불과한 소리다. 이미 국민 생활의 대부분이 디지털화, 스마트화, 사물인터넷(IoT)화돼 있다. 주요 경제활동이 사이버공간에서 이루어지고 있다. 특히 21세기의 기적인 AI인공지능 일자리 창출 콘텐츠는 일자리 창출업무가 100% 가까이 사이버공간에서 이루어지고 있다. 이런 시대에 아날로그 시대의 찌꺼기인 정부 일자리 창출 정책을 들고나오는 것은 완전히 시대착오적 발상이다. 또, 국민을 향해 서는 정부가 일자리 만든다며 국정파탄, 국가파산, 민생파탄 불러올 사람을 대통령으로 뽑으면 나라가 망한다. 인공지능을 활용해서 좋은 일자리를 무제한 만들어 내서 국민 모두에게 100% 좋은 일자리를 만들어 줄 수 있는 사람이 대통령이 돼야 한다.

모두가 내가 하겠다고 외친다. 큰 정부를 주장한 사람은 큰 정부 일자리 정책을 폐기하거나 수정하지 않을 수 없게 된다. 토론과정에서 자연스럽게 잘못된 정책을 바로 잡을 수 있다. 어떤 경우에도 선거판은 요동치게 돼 있다.

혹시 더민주당이 큰 정부 일자리 창출 정책을 폐기하고 대안을 제시하면 새로 제시한 대안과 인공지능 일자리 창출 콘텐츠와의 토론의 장이 설 수 있다. 만일 문 후보가 인공지능 일자리혁명 콘텐츠를 제안하게 되면 토론의 광장은 인공지능 일자리 창출 정책의 실행방법에 대한 토론회가 될 수 있다. 그 어떤 경우에도 한국의 일자리 창출 정책은 몇 단계 업그레이드될 수 있다. 한국 경제가 업그레이드되는 것이다.

21세기의 기적·인공지능 일자리 창출

인공지능 일자리 창출 방식의 획기적인 저비용, 고효율 구조는 예산관리, 행정관리, 기업경영관리에도 크게 기여할 전망이다. 취업·창업 자격요건 분류 방법은 고객관리나 행정관리에도 유용하게 활용할 수 있다. 미국 국세청은 빅 데이터를 활용, 3,450억 달러의 누락 세금을 찾아냈다. 이처럼 국세청 징세 부문과 같은 기능적인 업무도 민간화할 수 있다. 인공지능을 활용하면 그만큼 공무원 수를 줄일 수 있다.

우리생활의 많은 부분이 디지털화돼 있다. 경제활동이 정부의 규제나 간섭 없이 사이버공간에서 이루어지고 있는 것이다. 이런 환경 속에서 공무원 수를 늘리면 규제하고 감시 감독하며 국민을 괴롭히는 일만 하게 된다. 규제주의와 관료주의의 온상이 되는 것이다. 지금 우리나라는 15,000여 건의 거미줄 같은 정부 규제가 우리 생활을 옥죄고 있다. 디지털화 시대엔 이러한 규제를 축소하여 3,000건 이하로 규제를 줄일 수 있다. 작은 정부를 만들어 공무원 수를 줄임으로써 국민을 편안하게 해 주고 인공지능 일자리 창출이 이루어지는 것이야말로 21세기의 기적이라고 할 수 있지 않겠는가.

제4차 산업혁명과 제4차 일자리혁명

제4차 산업혁명과 제4차 일자리혁명은 다르다. 제4차 산업혁명은 혁신적 기술이 기존의 수많은 일자리를 사라지게 한다. 그러나 제4차 일자리혁명은 산업혁명의 중심 콘텐츠인 바로 그 혁신적 기술을 활용해서 기존에 없던 수많은 미래 일자리를 만들어 낼 수 있다.

미래학자 토마스 프레이는 2030년까지 현재의 일자리 20억 개가 사라진다고 했다. 옥스퍼드대 연구팀은 20년 안에 현재의 일자리 3개 중 1개가 사라진다고 했다. 그러나 필자는 2030년까지 인공지능을 활용, 25억 개의 새 일자리를 만들어 낼 수 있다고 분석했다. 4차 산업혁명의 핵심기술인 인공지능과 산업·기술 간의 융·복합은 산업혁명을 중심으로 보면 많은 일자리를 사라지게 하지만 일자리혁명과 결합하게 되면 좋은 일자리를 무한대로 만들어 전 국민 완전취업·창업이 가능하다. 특기할 사항은 사라지는 일자리는 더럽고, 힘들고, 위험한 일을 하는 기존 3D산업의 일자리가 될 것이고 새로 태어난 일자리는 인공지능, 빅 데이터, ICT, 스마트, 벤처산업부문의 양질의 일자리라는 것을 주목할 필요가 있다.

기존 일자리 창출은 대기업과 중소기업에서 내놓은 일자리에 맞추어 강의실에서 교육 훈련을 시킨 후 취업시키는 방식이었다. 인공지능 일자리 창출방식은 인공지능이 사이버공간에서 세계 구석구석에 숨어 있는 일자리를 발굴·창출하고 직업능력을 배양해서 1대1 맞춤 교육을 통해 취업·창업시킨다. 그럼 이 시대의 가장 절실한 이슈는 무엇인가? 인공지능이 새로 발굴한 첨단산업 부문의 새로운 일자리를 대량으로 만들어 내는 것이라 할 수 있겠다.

예를 들어 창조경제 타운은 절반의 예산으로 100~500배의 실적을 낼 수 있다. 청년희망재단의 해외 취업은 1인당 4천만 원을 투자해서 일자리 1개를 간신히 만들어 내던 것을 100분의 1 비용으로 해외 여행하듯 자유롭게 해외 취업을 주선할 수 있게 된다.

대통령 후보자들은 비전, 철학, 경륜, 리더십만으로 대통령이 되는 것이 아니다. 시대가 요구하는 절실한 이슈를 선점하고 해법을 내놓으면 단숨에 국가 지도자 반열에 오를 수 있다. 이 과정에서 신드롬을 만들어 내는 것이다. 그럼 이 시대의 가장 절실한 이슈는 무엇인가? 바로 산업의 화두인 제4차 산업혁명의 핵심이 될 인공지능이 지금 핫이슈로 떠오른 제4차 일자리혁명과 결합하여 새로 발굴한 첨단 산업부문에서 많은 일자리를 만들어 내는 것이다.

1차 산업혁명 이래 가장 뜨거운 이슈는 일자리혁명이었다. 그동안 일자리혁명에 성공한 지도자는 모두 성공했다. 4차 산업혁명시대에 4차 일자리혁명을 성공시키면 새로운 일자리혁명 신드롬이 만들어진다. 또한 인공지능 일자리 창출 콘텐츠가 바로 그 신드롬의 주인공이자 가장 중요한 도구가 될 것이다. 인공지능 일자리 창출 모델을 활용할 수 있는 지도자는 일자리 창출 신드롬을 만들고 성공한 지도자가 될 수 있다. 이것이 바로 인공지능 신드롬이 될 것이다.

6 전자두뇌

산업을 바꾼다, 경제를 바꾼다, 생활을 바꾼다, 일자리를 바꾼다, 생각을 바꾼다, 세상을 바꾼다

인공지능은 인간이 만들어 낸 전자두뇌다. 전자두뇌란 사람의 사고와 비슷한 알고리즘을 가진 사고회로가 내장된 컴퓨터 두뇌를 뜻하며, 이 전자두뇌는 사람처럼 생각하고 사람이 하면 번거롭고 비효율적인 문제를 해결할 것이다. 인공지능은 로봇처럼 눈에 보이는 하드웨어를 갖춘 형태로 모습을 보일 수도 있고, 컴퓨터처럼 프로그램의 형태로 구현된 형체가 없는 소프트웨어일 수도 있다. 그 형태가 어떤 형태건 인공지능은 기존의 인간 사고가 해야 했던 모든 일을 훨씬 빠르고 정확하게, 능률적으로 해낼 수 있다. 심지어는 인간 지능이 인지하지 못하는 단계의 일이나, 인간 지능의 한계를 초과하여 사람이 할 수 없는 일도 해낼 수 있는 초능력을 발휘한다. 그래서 인공지능이 인간 지능을 지배할 수 있다는 가능성에 두려움을 느끼기도 한다. 그러나 인공지능은 사람이 만들어 낸 컴퓨터 기술이다. 사람이 시키는 대로 움직이는 하나의 도구일 뿐이다. 공익을 위한 일에 사용하면 인류사에 길이 남을 훌륭한 도구가 될 것이고, 사리사욕을 위해 사용하거나 공익에 반하는 일에 사용하면 더없이 무서운 무기가 될 수도 있다. 결과적으로 인공지능을 활용하여 세상을 바꾸는 것은 사람이다. 그리고 이러한 인공지능의 활용은 세상을 바꾼다.

이러한 인공지능을 산업에 접목시켜 보자. 인공지능은 산업을 바꾼다. 경제를 바꾼다. 우리의 생활을 바꾼다. 일자리 세계를 바꾼다. 생각을 바꾼다. 그리고 세상을 바꾼다. 이토록 무궁무진한 가능성을 가진 인공지능의 발전은 오히려 기회이며 산업을 한 단계 도약시켜 새로운 일자리를 만들어 내는 기능을 할 수 있다.

모든 부문에서 산업 재편성과 산업 이동이 분주하게 일어나고 있다. 제4차 산업혁명의 선두주자들은 IoT^{사물인터넷}, 클라우드 컴퓨팅, 빅 데이터 분석, 인공지능을 기반으로 분주하게 재편성하고 있다. 독일은 제조업과 IT 기술을 융합해서 제조업 경쟁력을 키우는 인더스트리 4.0 전략을 세우고 제조업에서 완전한 자동 생산 체계를 구축하고 생산과정을 최적화하는 데 힘쓰고 있다.

제4차 산업혁명, 제4차 일자리혁명은 제조업과 정보통신기술의 융합으로 많은 일자리를 만들어 내고 있다. 한편에서는 제조업이 정보통신산업 부문에 진출하는가 하면 다른 한편에서는 구글, 애플, 아마존 등이 제조업을 하청업체로 거느리는 현상이 가시화되고 있다. 독일에서는 인더스트리 4.0을 도입해 진군나팔을 불고 있다.

제4차 산업혁명은 독일의 4.0 프로젝트에서 처음 시작됐다. 그러나 4차 혁명의 주도권은 정보통신산업 기반이 튼튼한 미국으로 넘어갔다. 더욱 놀라운 것은 독일과 미국 모두 정부가 앞장서서 4차 산업혁명을 적극 지원해 왔다는 사실이다. 독일 정부는 산업기술 혁신 정책을, 미국 정부는 클라우드 컴퓨팅 인프라 구축을 적극 지원했다.

그 결과, 4차 산업혁명의 주도권은 정보통신산업 기반이 튼튼한 미국의 정보통신 서비스 부문 대기업의 손으로 넘어갔다. 말하자면 4차 산업혁명은 인더스트리 4.0에서 시작돼 미국의 정보통신산업 부문에서 꽃피고 있는 셈이다. 미국은 구글, 아마존 같은 네트워크 서비스 대기업들이 이미 통신서비스 산업과 제조업 등 전 산업에 걸쳐 강력한 지배력을 구축했다. 조만간 GM, 토요타 등 세계 거대 자동차회사, 전기·전자업체들이 거대한 미국 정보통신 업체들의 하청업체로 전락할 위기에 처해있다. 3D 산업의 발달은 이 같은 제조업의 정보통신 업체 하청화를 촉진시키고 있다. 앞으로도 제4차 산업혁명은 ICT, 소프트웨어, 벤처산업 등 정보통신 산업 관련 인프라가 앞선 미국이 주도하게 될 것이다.

그런데 이제는 로봇이 육체적 노동을 넘어서 고도의 인공지능을 탑재하여 인간의 거의 모든 일자리를 위협하고 있다. 하지만 새로 생겨난 직업도 많다. 컴퓨터와 함께 IT, 반도체, 게임 등 수많은 고부가가치 산업이 탄생했다. 인공지능과 관련된 일자리도 계속 늘어날 것이다. 특히, 인공지능은 고유한 기능을 수행하는 데이터 과학자·기술자와 같이 고도로 전문화된 고급 인력을 많이 만들어 내고 연관 산업을 일으키는 기능을 한다. 마치 기존 일자리를 없애는 기능을 하는 IT산업이 연관 IT산업을 일으켜 새로운 일자리를 양산하는 경우와 같다.

반면 인공지능은 인간이 못 하고 있는 일자리를 발굴, 창출할 수 있다. 특히 인공지능은 빅 데이터, 국제 표준 직업 분류ISOC 등을 활용해서 엄청난 새 일자리를 만들어 내는 기능을 하게 될 것이다.

한편, 세계적 전기·전자 업체인 독일의 지멘스도 제품 제조방식을 바꾸었다. 가상-물리 시스템-컴퓨터 프로그램의 변화에 맞추어 제조라인을 바꾸었다. 지멘스의 스마트 팩토리는 20년 전에 비해 1만 배가 넘는 데이터를 취급하게 되면서 생산성을 8배 향상했다.

세계적 전자업체인 지멘스의 엠버그 공장-자동화 시스템은 인공지능을 도입해서 생산성을 8배나 향상했지만, 놀랍게도 기존과 동일한 인력을 유지하고 있다. 또한, 독일은 제조업과 IT기술을 융합해 제조업 경쟁력을 키우는 인더스트리 4.0 전략에 따라 완전한 자동 생산 체계

구축과 생산 과정 최적화에 힘쓰고 있다.

미국은 산업의 재편성이 활발하게 이루어지고 있다. 토마스 에디슨이 설립한 지 130년 된 미국의 GE는 소프트웨어 부문에 집중적으로 투자하면서 제조업을 산업 인터넷이라는 새로운 패러다임으로 재편해가고 있다. 구글, 애플, GE의 선제적인 변화에 불안을 느낀 독일은 인더스트리 4.0 프로젝트를 더욱 강화하여 박차를 가하고 있다.

세계 최대의 전자·전기부문의 제조업체인 GE의 계열사인 GE 항공은 항공기 제트엔진 생산·판매량으로는 항공기 엔진 시장의 60%를 점유하고 있는 세계 1위 업체다. GE 항공은 항공기 엔진에 수백 개의 센서를 부착해 운항 데이터를 수집, 분석해 고장이나 정비 시점을 예측하는 운항보조 서비스 업체인데, 매출액을 60~100억 달러까지 끌어올릴 계획이다. 여기에도 소프트웨어, 전자두뇌가 필요하다.

가스터빈 생산 세계 1위 업체인 GE 파워 역시 비슷하다. GE의 발전부문은 서비스 영역의 매출액이 제품판매를 넘어섰다. 2014년 GE는 인텔, 시스코와 산업인터넷 컨소시엄을 발족했다. 에디슨이 만든 기업 GE는 전구, 냉장고, 세탁기 등을 만드는 미국 최대의 전기·전자·제품 제조회사였다. 그 GE가 소프트웨어 기업으로 변신을 선언한 것이다.

에디슨의 전기조명 회사에서 시작해서 미국 제조업을 이끌었던 GE

가 소프트웨어와 네트워크를 과감하게 결합하며 제조업 혁신을 선도하고 있다면, 그 반대도 있다. 애플, 구글, 아마존 등은 탄탄한 소프트웨어 기술을 바탕으로 제조업 진출에 집중하고 있다.

스마트폰으로 산업의 지형도를 바꾸었던 애플은 자동차 분야로의 진출을 모색하고 있다. 검색 엔진으로 시작한 구글은 최근 자율주행차 개발에 성공했다. 특히 구글은 3D 프린팅을 통해 제조업 진출을 서두르고 있다. 한국의 삼성전자도 최근 자동차 전장품 부문에 적극적으로 뛰어들고 있다. 인공지능과 경쟁하는 일자리 문제는 이제 미래 세대의 문제가 아니라 당장 우리 앞에 닥친 현상이다. 좋든 싫든 우리는 인공지능 시대를 살아가야 한다.

흔히 인공지능은 일자리를 없애는 기능만을 하는 것으로 오해하기 쉽다. 그러나 그것은 큰 오해다. 인공지능은 일자리를 만들어 내는 기능도 한다. 경제 논리로만 따지면 인공지능은 일자리를 없애는 기능을 더 많이 한다. 버스 안내원, 전화 교환수, 굴뚝 청소부 등과 같은 직업이 기술 발전과 함께 사라졌고, 주판이나 계산기를 쓰는 직업 역시 컴퓨터에 밀려 사라진 지 오래다.

미국에서는 변호사들이 판례를 검색하고 정리하던 직원을 더 이상 쓰지 않고 인공지능이 해당 업무를 대신한다. 도서관의 사서도 인공지능이 대신한다. 언론은 인공지능 소프트웨어를 이용해 기사를 작성한다.

똑같은 스포츠 기사도 독자의 기호에 맞추어 맞춤형으로 공급한다. X-Ray 판독기술도 인공지능이 한다. 인공지능은 기존에 의사가 하던 필요한 기록을 단번에 찾아내고 진단까지 해준다. 진료할 때 컴퓨터가 알아서 일차적인 진료를 다 해주면 의사는 환자에게 더 정교한 진료, 상담을 한다. 중국에서는 오염 원인을 분석하고 대안을 모색하는 인공지능 시스템을 시험 도입했다. 이 실험이 성공하여 상용화되면 우리도 미세먼지 대책을 마련할 수 있다. 인공지능은 사람의 능력으로는 불가능했던 일들을 가능케 하고 기후변화, 질병, 범죄 등 인류를 위협하는 문제도 해결할 수 있다.

그런데 로봇이 이제는 육체적 노동을 넘어서 고도의 인공지능을 탑재하여 인간의 거의 모든 일자리를 위협하고 있다. 그럼, 인공지능은 어떤 방법으로 새 일자리를 발굴하고 창출할 수 있는가? 새 일자리 발굴 및 창출의 핵심 콘텐츠는 무엇인가? 새 일자리 발굴 및 창출의 핵심 콘텐츠는 다음의 일곱 가지로 말할 수 있다.

첫째, 인공지능은 그 자체알고리즘, 딥 러닝, 컴퓨터, IoT 등 및 관련 부문에서 과학자, 전문가, 기술자, 프로그래머, 데이터분석가 등 많은 전문 인력을 양산해낸다. 관련 부문이란, 알고리즘Algorithm, 딥 러닝Deep Learning, 프로그래밍 등 AI 자체 업무수행을 위한 보조적 부문이며, 해당 부문에 일자리를 만들어 내는 것을 말한다. 또, 빅 데이터 관련 ICT, 소프트웨어, 벤처 부문에서도 수많은 전문가를 필요로 한다. 예컨대, 빅 데이터 부문에서만도 빅 데이터 엔지니어, 공간 빅 데이터 분석가, 데이터 시각화 디자이너, 전략 컨설턴트, 마케팅 스토리 텔러 및 관련 과학자, 전문가, 기술자, 데이터 분석가 등 높은 연봉을 받는 고급 기술자만도 2023년까지 250만 명이 필요할 것으로 추산된다. 여기에 관련 ICT, 소프트웨어, 벤처 부문에서 쏟아내는 일자리까지 합하면 단순계산으로는 집계하기 힘들 정도의 일자리가 필요하게 된다. 미국에서는 빅 데이터 전문가만도 2023년까지 150만 명, 우리나라는 45,000명이 필요하다고 한다. 이것만으로도 전체 일자리의 약 5~10%를 만들어 낼 수 있다.

둘째, 국제 표준 직업 분류ISOC에서도 수많은 일자리를 발굴해낼 수 있다. 국제 표준 직업 분류에 따르면, 세계 각국의 직업종류는 한국 14,500개, 미국 37,500개, 독일 40,000개 등이 있으며, 중복되는 것을 제외하더라도 약 50,000가지에 달한다. 여기서 취업희망자나 정부, 기업에서 실제 활용하고 있는 직업은 전체의 5%에 불과하다. 한국은 약 800개, 미국은 1,900개 정도로 볼 수 있다. 취업 활동에 실제 활용되고 있지 않은 95%를 활용토록 하고 직업과 직업 간의 틈새 일자리까지 발굴하면 표준 직업 분류를 활용해서 10~15%가량 많은 새 일자리를 발굴해낼 수 있게 된다.

셋째, 빅 데이터, SNS를 활용해서도 많은 일자리를 만들어 낼 수 있다. 빅 데이터는 정보 처리장이다. 매년 창세기 이래 전년도까지 누적된 정보량만큼 많은 새 정보량이 새로 쌓인다. 상상을 초월한 정보량이다. 이것을 그대로 놓아두면 정보의 바다가 아닌 쓰레기 정보의 처리장에 불과하다. 이를 쓰레기 처리장으로 만들지 않기 위해 유지·보수 및 관리하고 개발할 빅 데이터 과학자, 관련 ICT, 소프트웨어, 벤처 전문 기술자까지 모두 포함하면 지금30억 개보다 10~15%가량 많은 새 일자리를 발굴해낼 수 있다.

넷째, 21세기는 다원화, 다양화, 맞춤복 시대로 가고 있다. 20세기의 소품종 대량생산에서 21세기엔 다품종 소량생산으로 가게 된다. 이제 의상, 가구, 자동차, TV, 냉장고 등도 디자인, 색상, 스타일, 기능 등 소비자 한 사람 한 사람 기호에 맞추는 시대가 온다. 빅 데이터와 SNS 분석을 활용하면 맞춤복 시대에 맞추어 일자리도 일대일 맞춤복 형태로 만들 수 있기에 지금보다 5% 이상 많은 새 일자리를 발굴해낼 수 있다.

다섯째, 인공지능의 가장 큰 특징은 미래에 대한 예측능력이다. 과거와 현재의 생활 소비 패턴을 분석해 미래의 생활 소비 패턴을 유추하여 예상하고 알려주거나 대응할 수 있다. 우리는 알파고와 이세돌의 대국에서 인공지능의 예측능력을 확인했다. 옥스퍼드대 연구팀은 30년 후면 생활패턴, 소비패턴이 엄청나게 달라질 것이라 예측했다. 20년 안에 현재의 일자리 3개 중 1개가 사라지고 현재 7세인 어린이들이 성장하면 그중 60%가 현재 존재하지 않는 전혀 다른 형태의 일자리를 갖게 될 것이라고 전망했다. 생활패턴의 경우처럼 일자리도 과거와 현재의 일자리를 분석 검증하면 미래의 일자리패턴을 예측할 수 있다. 이렇게 예측한 일자리에서도 5~10% 내외의 새 일자리 창출이 가능하다.

여섯째, 21세기는 글로벌 시대, 다시 말해 국제적 감각을 받아들이고 우리의 감각을 세계적으로 통용되게 하는 국제화·세계화 시대로 가고 있다. 국경 없이 유무상통하는 글로벌 시대에는 세계 어느 곳에서나 일자리 쇼핑을 할 수 있을 것이다. 일자리장벽, 언어장벽이 사라지고 미국, 독일, 중국, 아프리카 오지에 이르기까지 어느 곳에서나 일자리를 찾을 수 있다. 취미, 여행 삼아 일자리를 찾아 세계로 나갈 수 있는 시대가 아닌가. 일자리의 글로벌화가 이루어질 것이다. ICT, 소프트웨어, 벤처, 스마트, 인공지능 관련 기술만 습득하면 한국에서만 사는 것이 아니라, 미국에서도 살아보고, 유럽, 아프리카에 가서도 좋은 일자리를 얻을 수 있고, 그에 상응하는 대접을 받고 살 수 있다. 또, 인터넷 문명에 접근하지 못한 문맹자의 인터넷 접근에 따른 새 일자리 창출 등 일자리를 발굴하고 창출할 수 있는 여지는 널리 열려있다.

일곱 번째, AI 일자리혁명은 청년 일자리 창출의 특효약이다. 알고리즘, 딥 러닝, 빅 데이터, SNS, 스마트 기기, 모바일, IoT, ICT, 소프트웨어, 벤처 등 인공지능이 활약할 수 있는 각종 디바이스, 데이터, 매뉴얼 등은 바로 청년 일자리 창출의 핵심 요소들이다. 청년 일자리 창출 특별법까지 만들었는데 이 법이 오히려 청년 일자리 창출을 훼방 놓지는 않았는지도 살펴보면서 AI 일자리혁명 사업을 지원하면 글로벌 청년 일자리를 대량 개발하여 청년 일자리 문제를 말끔히 해결할 수 있을 것이다.

좋은 일자리를 많이 만들어 내면, 자연히 국가는 부강해지고 국민은 잘 먹고 잘살 수 있다.^{애덤 스미스} 국민 소득 수준은 올라가고, 경제성장률은 높아지고, 주가도 올라가고, 빈곤층은 사라진다. 그야말로 유토피아적인 국민 행복시대가 열린다.

인공지능은 일자리나 제조업에서뿐만 아니라 미디어 산업에서도 엄청난 위력을 발휘하고 있다. 2013년부터 방영하여 전 세계적으로 인기를 끌고 있는 미국의 정치 드라마 하우스 오브 카드House of Cards 시리즈의 성공은 다름 아닌 인공지능이 만들어 낸 것이다.

인공지능은 수천 명의 시청자 패턴을 분석하였다. 그 결과를 토대로 사람들이 원하는 스토리와 주연배우, 감독을 결정했다. 시청자 패턴 분석에 의한 스토리는 워싱턴 정가의 권력 암투를 그려내면서 주연배우의 액션까지 주문했다. 이 모든 것의 기반에는 인공지능이 있었다. 다시 말해 인공지능이 이 모든 것을 만들어 낸 것이다.

비단 드라마 분야뿐만 아니라 예술, 스포츠, 요리 등에 걸친 우리 생활 전반에까지 이런 사례를 적용할 수 있음을 알아야 한다.

* 국세청 국정감사(2003.09.22)

* MEDC-KPDC 업무협정 체결식에서 미시간 주지사 John M. Engler와 함께

7

제4차 산업혁명과 제4차 일자리혁명

산업혁명과 일자리혁명은 일란성 쌍생아라 할 수 있다. 먼저 역사의 표면에 먼저 떠오르는 산업혁명이 일어나고, 거의 동시에 이를 받치는 일자리혁명이 일어나서 산업혁명의 뒷바라지를 해준 것이다.

산업혁명은 처음 기계기술의 발명과 개발이 주도권을 쥐었다. 신기술, 새로운 생산방법분업화, 신상품, 새로운 시장이 개척되고 개발되면서 산업생산에 활용되어 생산성이 엄청나게 늘어나고 경제가 성장 발전해 왔다.

산업생산을 늘리려면 공장을 짓고, 첨단 기계 설비를 갖추고, 분업화 등을 도입하여 공정을 개선하고 공장을 가동하게 된다. 그 과정에서 기존에 없던 일자리가 엄청나게 늘어난다. 이것이 제1차 일자리혁명이다. 일자리가 늘어나면 생산인구의 증가로 인해 생산, 소득, 분배가 자연히 늘어난다. 그리고 재화가 원활히 순환되는 환경에서 경제가 성장·발전한다. 그리고 발전한 사회의 일자리 증가에 맞추어 다시 인구가 크게 늘어난다. 이것이 인구혁명이다.

산업혁명이라는 용어는 영국의 역사학자 아놀드 토인비1889~1975가 1760~1840년의 영국 경제발전을 설명하는 과정에서 처음 사용했다. 일자리혁명이라는 용어는 2007년 세계 최초의 일자리방송을 창업한 필자가 일자리 세계의 발전과정을 설명하면서 처음 제시한 것이다.

산업혁명은 기술, 경제, 사회, 정치, 문화적 측면에서 기존질서를 사정없이 때려 부수고 현대화를 향한 새로운 질서를 일구어냈다. 산업혁명은 그 자체로 끝난 것이 아니라, 경제혁명, 일자리혁명, 교육혁명, 문화혁명, 인구혁명, 생활혁명을 일구어낸 것이다.

산업혁명은 경제혁명과 동시에 정치·사회혁명을 이끌어냈다. 즉, 산업 부르주아와 임금 노동자의 두 계급을 형성시켜 전통적인 지주계급과 함께 3개의 새로운 사회계급 구조를 만들어 냈다. 농업인구는 17세기까지 총인구의 4분의 3을 차지했다. 그러나 산업혁명과 함께 농업인구의 비율은 급격하게 줄어들고, 노동인구가 크게 늘어나기 시작했다. 1867년, 마침내 노동자계급은 선거법 개정과 동시에 선거권을 쟁취, 정치적 발언권을 획득하게 됐다. 산업혁명은 정치, 경제, 사회 모든 분야에 큰 변화를 몰고 왔다.

인류 역사는 1760년대 제1차 산업혁명이 일어난 이래 지난 250년 동안, 3차례의 산업혁명과 3차례의 일자리혁명을 경험했다. 지금 제4차 산업혁명과 제4차 일자리혁명이 기지개를 켜고 있다. 한편 세계인구는 농업혁명, 산업혁명과 맞물려 지속적으로 늘었으나 70억 명을 기점으로 정체상태에 들어갔다.

1차 산업혁명은 초기엔 영국에 한정된 혁명이었다 1760~1840. 방적기와 증기기관의 발명으로 인해 농업과 수공업 위주의 경제는 제조업 중심으로 산업구조가 탈바꿈했다. 영국은 새로운 기술정보 유출을 경계했다. 그러나 금방 벨기에, 독일, 프랑스로 퍼져 나갔다. 산업업종도 철강, 석유, 전기, 화학, 식품 분야까지 확산되었다. 제2차 산업혁명은 1870~1950년대까지 이어진다. 이 시대에는 화학, 전기, 석유, 자동차 등 운송수단, 제조기술의 발달 과학적 관리법과 함께 독일, 프랑스, 미국, 일본으로, 즉 세계로 확산되었다. 이 시대에는 기술혁신과 기계화, 자동화, 과학적 관리기법에 힘입어 대량생산, 대량판매, 대량소비 시스템의 전성시대를 이루었다. 이 과정에서 산업생산성과 인구가 급격하게 늘어났다.

제3차 산업혁명은 신재생에너지, 자동차, 오락 분야의 영화, 라디오,

TV, 서비스산업, 인터넷, 정보화 기술의 발달과 함께 정치, 경제, 사회, 문화적인 측면에서 기존 사회·생활 질서를 확실하게 바꾸어 놓았다. 제1차 산업혁명은 르네상스가 저물어갈 무렵 태어나 르네상스의 찬란한 빛을 마지막으로 뿜어냈다. 또, 아날로그 시대에서 디지털 시대로 급속하게 진화했다. 제조업의 디지털화와 컴퓨터, 제어 자동화 및 정보처리 기술의 발달이 빠르게 진행되었다. 특히 21세기의 개막과 함께 아날로그 시대에 종지부를 찍고 디지털시대, 융합시대로 대표되는 4차 산업의 문을 열었다. 3차 산업혁명의 주춧돌인 정보통신 기술의 발달은 4차 산업혁명의 필수조건이 되었다.

21세기 들어 세계 경제의 패러다임이 확 달라졌다. 거품경제 시대, 고용 없는 성장시대, 디지털시대, 다원화·다양화, 맞춤복 시대, 다품종 소량생산시대가 찾아왔다. 세계 경제가 갈피를 잡지 못하고 방황하고 있는 사이, 2008년 9월 15일에 뉴욕발 금융위기가 터졌다. 9·15 금융위기는 바로 제4차 일자리혁명의 기폭제가 됐다.

21세기는 제4차 산업혁명과 제4차 일자리혁명이 랑데부하는 세기가 됐다. 산업적인 측면에서는 품질과 가격경쟁력이 최우선 가치였던 시대가 지났다. 소비자의 욕구를 보다 정확하게 파악하고, 이 욕구를 즉각적으로 제품에 반영하는 기업이 시장을 선도하게 된다. 방대한 데이터를 조작할 IT 기업들이 제품개발을 지휘하게 되고 제조회사는 하청업체로 전락하는 시대가 현실로 다가오고 있다.

4차 산업혁명의 핵심키워드는 인공지능과 사물의 융·복합이다. 정보통신기술의 발달로 전 세계적인 소통이 가능해지고 개별적으로 발달한 각종 기술의 융합과 복합이 가능해졌다. 4차 산업혁명으로 각국의 산업은 창조적 기술에 의해 대대적인 재편을 맞게 된다. 맥킨지 보고서에 따르면 모바일인터넷, 사물인터넷, 무인 자동화, 신소재 같은 것이 4차 산업혁명을 선도할 것으로 예측된다. 제조업은 말할 것도 없고 유전공학 등의 분야에서도 기존 시스템을 붕괴시키고 새로운 시스템을 만들어 내는 위력을 가진 혁신이 다가온다. 이러한 혁신의 중심에 인공지능이 자리 잡고 있다. 인공지능은 4차 산업혁명에 필수 불가결한 사물인터넷, 빅데이터, 센서 등 핵심기술과 기획설계 등 소프트 파워를 활용해서 4차 산업혁명을 이끈다.

제4차 산업혁명은 제조업, 과학기술과 정보통신기술ICT의 융·복합으로 이루어지는 차세대 산업혁명이다. 인공지능, 로봇기술, 사물인터넷 Internet of Things, 생명과학이 주도하는 산업혁명이라 말할 수 있다.

제4차 산업혁명은 작년 2월, 스위스 다보스에서 열린 세계 경제 포럼에서 클라우스 슈밥 다보스 포럼 회장이 공식적으로 제시했다. 제4차 산업혁명은 전 세계 정치, 경제, 사회, 산업, 문화, 교육 전반의 지각변동을 불러올 혁명이다. 정보통신 혁명이라는 기술적 자산을 활용해 산업과 산업, 기계와 기술, 기술과 인간, 개별 인간과 전체 사회를 하나로 아우르는 산업구조와 문명구조의 변화를 동시에 이끌어내는 것이다.

제4차 산업혁명의 발단이 되는 독일의 4.0 프로젝트는 독일 정부의 제조업 경쟁력 강화를 위한 제조업 성장 전략에서 시작되었다. 독일의 경우 제조업 경쟁력은 세계 최고 수준이지만, 경쟁력 심화 등에 대비해 2011년부터 인더스트리 4.0 정책을 강력하게 추진해 왔다. 독일은 4.0 프로젝트에 힘입어 제조업 부문에서 가장 강력한 경쟁력을 갖게 되었다.

인더스트리 4.0은 사물인터넷Internet of Things을 통해 생산기기와 생산품 간의 정보교환이 가능한 제조업의 완전한 자동생산체계를 구축해 전체 생산과정을 최적화하는 산업 정책이다. 제4세대 산업 생산 시스템이라고도 한다. 즉 제조업과 같은 전통산업에 IT 시스템을 결합해서 지능형 공장Smart factory으로 전환하자는 것이다. 스마트 공장은 정보통신 기술을 이용해 IT 공장의 기계, 산업장비, 부품들이 서로 정보와 데이터를 자동으로 주고받을 수 있으며, 기계에 인공지능이 설치돼 모든 과정이 통제되고 사람 없이 운영·관리가 가능하다. 당연히 관리 인원을 크게 줄일 수 있다.

독일은 2011년 하노버 산업박람회에서 독일산업 혁신의 필요성을 제기하고, 2012년 독일 정부 주도로 산업혁신을 위한 특별 작업반이 구성되었다. 이 특별 작업반은 정보통신 혁명의 결과들을 100% 활용해 산업구조와 사회구조의 혁신을 기획하고 전파했다.

인더스트리 4.0은 인공지능을 활용하여 제조업과 IT 기술을 융합해서 제조업 경쟁력을 키우는 것이다. 이로 인해 독일 제조업의 생산성과 경쟁력은 크게 향상되었다. 그러나 인력 감축은 하지 않았다. 세계적 전기·전자 업체인 독일의 지멘스도 제품 제조방식을 크게 바꾸어, 지멘스 스마트 팩토리는 20년 전에 비해 1만 배가 넘는 데이터를 취급하게 되면서 생산성을 크게 향상했다.

지멘스의 엠버그 공장은 자동화 시스템에 인공지능을 도입해서 생산성을 8배나 향상했지만 놀랍게도 기존과 동일한 인력을 유지하고 있다. 직원들의 업무를 단순작업이 아닌 개발과 연구부문 등으로 확장 배치한 것이다.

제4차 산업혁명은 독일의 4.0 프로젝트에서 처음 시작됐다. 그러나 4차 혁명의 주도권은 정보통신 산업 기반이 튼튼한 미국으로 넘어갔다. 미국 정부는 클라우드 컴퓨팅 인프라 구축을 적극 지원했기 때문이었다. 앞으로도 제4차 산업혁명은 ICT, 소프트웨어, 벤처산업 등 정보통신 산업 관련 인프라가 앞선 미국이 주도하게 돼 있다.

시계열 분석을 해보면 1~3차 산업혁명 때까지는 산업혁명이 먼저 일어나고 산업혁명 과정에서 많은 일자리를 만들어서 일자리혁명을 이끌어 냈다. 먼저 산업혁명이 일어나고 이어 일자리혁명이 일어난 것이다. 그러나 4차 혁명의 경우 일자리혁명이 먼저 일어나고 산업혁명이 뒷받침하는 모양새가 됐다. 그 이유는 간단하다. 경제의 패러다임이 달라졌기 때문이다. 21세기 들어 경제 환경이 달라지자 종전의 투자·성장으로 일자리를 만들던 방식이 통하지 않게 됐다. 금리를 제로퍼센트로 해도 투자도 성장도 이루어지지 않기 때문이었다. 그렇다면 일자리를 먼저 만들어 내서 투자와 성장을 이끌어내는 방법 이외에 다른 방도가 없다. 21세기는 바로 그런 세상이 되었다.

이런 와중에서 2008년 9월 15일 뉴욕발 금융위기가 터져 나왔다. 모두 속수무책이었다. 무작정 저금리의 돈을 풀어 일자리를 만들어 내는 종전의 정책을 쓸 수밖에 없었다. 경제학자들은 계면쩍었던지 양적 완화 정책Quantitative Easing이라는 이상한 이름을 붙여 세상에 내놓았다. 불행 중 다행으로 ICT, 소프트웨어, 벤처 등 정보통신 산업 기반이 튼튼한 미국은 저금리 자금의 무제한 공급이 시작되니 정보통신 산업 부문이 탄력을 받았다. 당시까지만 해도 신흥 공업국 수준에 머물러 있던 중국도 금리를 내리고 자금 공급을 풀어 주니 경제가 탄력을 받았다.

그로부터 8년간 미국과 중국경제는 쌍두마차가 되어 아슬아슬하게 세계 경제를 이끌어 왔다. 이 기간에 큰 사건이 벌어질 뻔했다. 한국의 박근혜는 창조경제와 일자리 창출이라는 세기적 경제 살리기 모델을 제시했다. 100년 전 조지프 슘페터라는 오스트리아의 천재 경제학자가 제시한 경제 발전 모델인데, 1930년대의 대공황 때문에 빛을 보지 못하고 숨죽이고 있었던 것이다. 1970년대 스태그플레이션을 계기로 기지개를 켜고 있었는데 한국의 박 전 대통령이 2013년 국정 아젠다로 제시한 것이다.

그러나 창조경제와 일자리 창출은 리더십의 부재와 시행 정책의 오류로 말미암아 끝내 처절한 실패로 끝났다. 실패한 창조경제는 부메랑이 되어 한국 경제를 덮쳤다. 그 결과 오늘 한국 경제는 참담한 좌절을 겪고 있다. 일자리는 줄고 경제성장률은 2%대로 떨어졌다. 올해는 0%대 성장으로 추락할 것으로 보인다. 1인당 GDP는 제자리에, 빈부 양극화는 심화되고, 국민의 생활수준은 악화되고 있다.

이런 와중에서 일자리방송은 21세기형 일자리 창출 모델을 개발했다. 방통융합 일자리 창출모델을 거쳐 제4차 일자리혁명의 핵심인 인공지능 일자리 창출 콘텐츠를 개발해냈다. 인공지능 일자리 창출 콘텐츠는 정부의 규제와 간섭을 받지 않고 일자리를 먼저 만들어 내서 투자와 성장을 이끌어내는 것이 핵심으로, 시대적 요구에 꼭 맞는 경제 살리기 모델이다. 좋은 일자리를 필요한 만큼 만들어 모든 국민에게 원하는 일자리를 공급해주고 이를 토대로 투자와 성장을 이끌어 국민을 잘 먹고 잘살 수 있게 하는 것, 즉 일자리 천국의 문을 열게 할 수 있는 모델이다.

제4차 일자리혁명은 제4차 산업혁명을 이끌어 가는 시대적 소명을 안고 있다. 제4차 산업혁명은 창조적 산업을 바탕으로 하기 때문에 새로운 일자리 창출 기능이 있는 것이 사실이다. 그리고 창조적 산업의 창조적 일자리가 경제발전을 더욱 촉진시킬 것은 틀림없다. 그러나 다른 한편에서는 구시대의 일자리들이 무수히 사라지게 돼 있다. 특히 더럽고, 힘들고, 위험한 일자리들, 즉 3D산업의 일자리는 대부분 인공지능이 만들어 낸 성과에 따라 언젠가 모두 사라지고 말 것이다. 그리고 일자리를 사라지게 한 바로 그 인공지능이 마음을 바꾸고 눈을 돌리면 질 좋은 새 일자리를 대량으로 만들어 내는 일자리혁명을 주도하게 된다.

제4차 산업혁명의 가장 큰 고민은 기술적 진보가 기존 일자리를 사라지게 한다는 것이다. 산업적 측면에서 보면 디지털화, 데이터화, 인공지능화, IoT화, 만물의 융·복합에 따라 일자리가 엄청나게 줄어들게 돼 있다. 미래학자 토마스 프레이는 2030년까지 20억 개의 일자리가 사라질 것이라 예측했고, 작년 2월, 다보스 포럼에서 옥스퍼드대 연구팀은 20년 안에 현재의 일자리 3개 중 1개가 사라지고 지금의 7살 어린이 중 60%가 커서 전혀 현재 존재하지 않는 전혀 다른 형태의 직업을 갖게 될 것이라고 보고했다. 이 예측들이 무엇을 의미하는가? 바로 인공지능이 앞으로 일자리를 사라지게 할 주범 노릇을 한다는 것이다.

그러나 제4차 산업혁명의 산업적 기술적 성과를 제4차 일자리혁명에 대입해 보면 전체 일자리를 오히려 크게 늘어나게 할 수 있다. 인공지능이라는 4차 산업혁명의 혁혁한 성과가 사라져가는 수많은 일자리를 더 좋은 일자리로 가공해서 세상에 소개할 수 있다는 것이다. 인공지능은 일자리를 죽이기도, 살리기도 하는 일자리 마술사다.

제4차 산업혁명의 또 하나의 큰 고민은 인공지능의 무한 질주가 정치, 경제, 사회의 생태계를 파괴할 수 있다는 것이다. 인공지능이 창출해낸 무한대의 성과는 길을 잘못 들면 아차 하는 순간 전쟁, 범죄 등 사회악에 악용될 수 있다. 이런 탈선을 막는 길은 제4차 일자리혁명이 좋은 일자리를 많이 만들어 국민에게 희망을 심어주고, 국민 정서가 인간의 부정적인 면으로 빠져들지 않도록 선도하는 길밖에 없다.

과거에도 산업혁명은 한편에서는 기계화, 자동화, 디지털화를 통해 일자리를 줄이는 기능을 했으나, 다른 한편에서는 새 일자리를 크게 늘렸다. 제4차 산업혁명의 성과물인 인공지능, 만물인터넷, ICT, 만물의 융·복합이 일자리를 크게 줄이는 역할을 한다는 것을 부정해서는 안 된다. 그러나 다른 한편에서는 인공지능이 빅 데이터, SNS에서 나오는 무한대의 데이터를 활용, 약 7만여 개의 직종에서 세계 70억 인구가 필요한 일자리를 거의 무한대로 만들고, 여기에 취업할 사람의 자격요건을 가려내 국민의 완전취업을 달성하는 역할을 할 수 있다. 인공지능이 머리를 산업혁명 쪽으로 돌리면 일자리를 없앨 궁리를 하게 되고 일자리혁명 쪽으로 돌리면 일자리를 만들어 낼 궁리를 하게 된다. 사람이 어떻게 활용하느냐에 따라 그 기능이 완전히 달라진다.

도대체 인공지능이 뭐길래 세상을 이토록 시끄럽게 만드는가. 인공지능AI: Artificial Intelligence은 전자두뇌다. 컴퓨터 머리다. 전자두뇌, 그러니까 컴퓨터 머리가 사람처럼 생각하고 모든 문제를 해결하는 것이다. 전자두뇌에 이렇게 하라고 지시하고 명령을 내리는 것은 사람이다. 즉, 인공지능은 사람이 할 수 없는 일을 해내는 초능력을 갖고 있는 것처럼 보이지만 정작 이 인공지능을 제어하고 다루는 것은 사람이다.

　인공지능은 사람이 어떻게 활용하느냐에 따라 그 기능이 달라진다. 인공지능은 사람의 능력으로는 불가능한 일을 할 수도 있고, 해결사 노릇을 할 수도 있다. 기후변화, 전쟁, 범죄, 질병, 재해 등 인류를 위협하는 많은 문제를 일으킬 수도 있고 해결할 수도 있다. 인공지능 그 자체는 선도 악도 아니다. 우리가 어떻게 활용하느냐에 따라 그 마지막 모습이 달라지고 세상이 달라진다.

　인공지능이 이끄는 제4차 산업혁명은 일자리혁명과 함께하지 않으면 그 자체의 성공 때문에 자멸하고 만다는 것은 분명히 말할 수 있다. 즉, 제4차 산업혁명은 성공하면 할수록 일자리가 없어지고 양극화를 촉진시켜, 경제도, 4차 산업혁명도 살아남지 못하기 때문이다. 이것이 제4차 산업혁명의 역설이다.

　중요한 것은 인공지능AI의 일자리 창출 능력이다. 사람은 인공지능을 활용해서 수많은 양질의 일자리를 발굴하고 창출할 수 있다. 발굴

된 새 일자리는 소득수준을 끌어올림으로써 삶을 풍요롭게 만들고, 국민을 잘 먹고 잘살게 할 수 있다.

8

기적을 일구어내는 요술쟁이
인공지능+방통융합=혁명적 일자리 창출 콘텐츠

제4차 일자리혁명을 이끌어 갈 혁명적 일자리 창출 콘텐츠가 개발됐다. JBS JOB 포탈은 일할 의욕과 능력이 있는 모든 국민에게 능력과 적성에 맞는 일자리를 찾아내 100% 취업·창업을 보장하는 기적을 일구어내는 요술쟁이인 인공지능을 활용한 방통융합 일자리 창출 콘텐츠를 개발해냈다. 비단 신규 취업뿐 아니라 이직·전직·재취업의 경우도 자유롭게 할 수 있다.

일자리 창출 정책을 펼치고자 하는 사람들이 유념해야 할 금기사항이 두 가지 있다. 하나는 정부가 일자리를 만들어 낼 수 있다고 생각하는 착각, 다른 하나는 돈으로 일자리를 만들어 낼 수 있다고 자만하는 것이다. 우리나라의 일자리 창출 정책은 바로 이 두 가지 금기사항을 모두 범하고 있다.

정부가 돈으로 일자리를 만들어 내는 방식은 100여 년 전 1930년대 대공황 때 미국의 루스벨트 대통령이 써먹었던 뉴딜정책이 유일한 성공사례다. 그러나 비상사태 때 급조해낸 비상대책이며 2차 산업혁명 때 널리 써먹었던 것으로, 2차 일자리혁명기의 유물일 뿐이다. 이때 케인스라는 영국의 경제학자는 유효 수요 이론이라는 것을 내놓고 한 세대를 주름잡았다.

그러나 세상은 빠른 속도로 달라진다. 비상사태는 금방 정상으로 되돌아왔다. 정부가 돈을 풀어 일자리를 만들어 내던 방식은 호랑이 담배 피우던 시절의 얘기가 돼 버렸다. 1970년대 들어 스태그플레이션 시대가 찾아왔다. 정부가 아무리 돈을 풀어도 투자도, 성장도, 일자리도 생기지 않고 인플레이션만 일어나는 시대가 온 것이다. 불가불 일자리를 먼저 만들어 내서 투자와 성장을 이끌어내야 하는 시대가 다가오고 말았다.

4차 산업혁명시대, 4차 일자리혁명시대가 왔다. 2차 산업혁명기는 제조업 중심시대다. 제조업 중심시대엔 투자만 하면 일자리가 생기고 경제가 성장했다. 이 시대엔 투자와 성장과 일자리 문제가 동시에 해결됐다.

그러나 21세기 들어 세상이 확 달라져 버렸다. 이에 따라 산업체제는 소품종 대량생산 체제에서 다품종 소량생산 체제로 바뀌었다. 20세기 말부터 돈은 넘쳐흐르는데 투자를 하지 않는 세상이 됐다. 설사 투자를 해도 일자리가 생기지 않는 고용 없는 성장시대가 왔다. 따라서 일자리를 먼저 만들어 투자와 성장을 이끌어내야 하는 세상이 됐다.

그럼 어떻게 해야 하는가? 먼저 많은 일자리를 발굴하고 창출해야 한다. 그다음 강의실에서 집단으로 가르치는 주입식 교육 대신 인공지능과 방통융합이 다시 융·복합해서 각자의 개성에 맞게 1대1로 가르치는 창의적 맞춤 교육방식으로 전면 개편해야 한다.

때마침 4차 산업혁명과 4차 일자리혁명 시대가 동시에 찾아왔다. 4차 산업혁명 시대의 핵심 콘텐츠는 인공지능과 컴퓨터와 사물인터넷IoT의 융합, 그리고 산업과 산업, 기술과 기술의 융·복합이다. 4차 일자리혁명의 핵심 콘텐츠도 마찬가지다. 인공지능과 방통융합이 다시 융합하고 복합해서 일자리를 만들어 내는 시대가 왔다.

인공지능은 컴퓨터와 인터넷으로 각종 정보와 데이터를 이끌어내고 이를 토대로 알고리즘Algorithm을 만들어 일자리혁명의 절차와 방법을 담은 프로그램을 제작해내는 것이다. 인공지능은 다시 방통융합과 융·복합해서 제4차 일자리혁명의 핵심 콘텐츠인 "인공지능을 활용한 방통융합 일자리 창출 콘텐츠"를 만들어 낸다. 그런데 현시점에선 창조경제가 아니면 새로운 일자리를 만들어 낼 수 있는 틈이 없다. 그렇기 때문에 "인공지능 방통융합 콘텐츠"는 인공지능이 방통융합을 활용해 새 일자리를 창조해내는 것이 핵심이다.

인공지능과 방통융합 및 창조경제를 융·복합해서 일자리를 만들어 내는 콘텐츠, 메커니즘, 프로세스는 일견 심플해 보인다. 그러나 결과물로 나오는 콘텐츠는 실로 엄청난 것이다. 인공지능·방통융합 일자리 창출의 핵심 콘텐츠는 ①일자리 발굴 및 창출, ②맞춤교육·훈련 및 취업·창업, ③8단계 일자리 창출 원스톱 서비스, ④JOB 포탈 구축 등 4개 카테고리로 분류된다. 일자리 발굴 및 창출은 지금까지 나타나지 않은 일자리, 숨겨진 일자리, 활용되지 않은 일자리를 찾아내고 없는 일자리를 새로 만들어 내는 것이다. 곧 창조경제 일자리를 창출해내는 것이다. 제1단계, 일자리 발굴 및 창출

일자리를 발굴하고 창출하면, 이를 널리 알려야 한다. 어디에 어떤 일자리가 얼마나 있는지, 그 일자리는 어떤 조건을 요구하는지, 그 일자리에 가서 일하려면 어떤 자격조건을 갖추어야 하는지 등의 조건을 널리 홍보해야 한다. 제2단계, 홍보

그 다음은 취업 창업 희망자를 모집하는 단계. 홍보한 일자리에 대해 취업·창업 희망자를 모집한다. 제3단계, 리크루트

이어 취업·창업희망자가 제시한 일자리에 맞는지, 맞지 않은지 가리기 위해 인성검사와 적성검사를 병행한다. 여기서 제1지망, 2지망, 3지망까지 분류할 수 있다.4단계, 인성 · 적성검사

또, 인성검사, 적성검사를 통해 분류한 것이 적절한 것인지 취업·창업희망자를 면접, 상담을 한다. 면접과 상담은 컨설팅, 혹은 멘토링1대 1, 심층면접의 형태로 한다.5단계 컨설팅, 멘토링

맞춤교육, 맞춤훈련, 일자리 발굴, 홍보, 리크루트, 인·적성검사, 멘토링·컨설팅 과정을 거쳐 선정된 교육·훈련생은 자신의 검사 결과에 맞는 일자리에 맞추어 맞춤교육을 받는다. 자신의 능력과 취향에 맞추어 자신이 원하는 시간과 방식으로 스스로 선택한 교육을 받으니 교육의 성과와 실적이 올라갈 수밖에 없다. 교육·훈련은 사이버공간에서 이루어지고 실무, 실험, 실습은 오프라인 현장에서 병행해서 이루어진다.6단계 맞춤교육, 맞춤취업

맞춤 교육·훈련은 일자리 교육·훈련을 대표하는 고용부의 내일 배움 카드제보다 10~20배의 성과, 실적을 올릴 수 있다. 내일 배움 카드제의 경우, 6개월 동안 200만 원 내외의 교육·훈련비가 지원되는데 교육과정 탈락자, 6개월 내 취업자, 그리고 3년 내 휴직·전직·자퇴자를 감안하면 결국 초기 지망생의 8% 내외만 살아남는다. 정부의 핵심 일자리 창출 사업이 이러니 다른 것은 물어보나 마나다. 소모적이고 낭비적이다.

이에 대해 인공지능과 방통융합을 활용한 일자리 맞춤형 교육·훈련 방식은 3년 후 생존율이 90% 이상 가능하다. 3년 후 생존율이 8% 수준인 현재의 정부사업과 정반대의 수치다. 물론, 맞춤교육·훈련만으로 되는 것은 아니다. 일자리 창출 원스톱 서비스와 병행해서 시행되어야 하고 JOB 포탈이 뒷받침해 주어야 한다. 특히 JOB 포탈의 관리와 운영이 잘되어야 한다. 그러려면 관료주의와 규제주의가 척결돼야 한다. 관료주의를 척결하려면 작은 정부 지향, 칸막이 행정 타파, 비정상의 정상화 등을 통해 국가 개조를 해야 한다. 기존 일자리 창출 방식에서 벗어나야 한다. IT시대, 디지털시대, 인공지능시대에 관료주의는 금기사항이다. 그러니 관료주의, 규제주의의 척결은 제4차 일자리혁명의 대전제가 된다.

제4차 일자리혁명의 핵심 콘텐츠는 일자리 발굴 및 창출, 맞춤교육·훈련, 취업·창업맞춤형 일자리 창출, 일자리 창출 원스톱 서비스, JOB 포탈 운용 등 4개 카테고리로 분류할 수 있다. 이 모든 과정은 인공지능 방통융합 일자리 콘텐츠가 만들어 낸 알고리즘이 운영·관리하게 한다.

인공지능 방통융합 일자리 콘텐츠를 활용하면 일할 의욕과 능력이 있는 사람은 각자의 적성과 능력에 따라 100% 취업·창업을 할 수 있다. 비단 신규 취업·창업뿐 아니라 이직·전직·재취업도 자유롭게 할 수 있다.

일자리 발굴·창출

되풀이하는 얘기지만 20세기까지 일자리 창출은 투자와 성장이 이끌었다. 21세기 들어 달라진 세상에선 투자·성장을 통한 일자리 창출 방식이 작동을 멈추어 버렸다. 일자리를 먼저 만들어 투자와 성장을 이끌어내는 수밖에 없게 됐다. 경제 발전 과정에서 일자리 창출이 종속변수에서 독립변수로 입지가 바뀌었다. 사수와 조수를 교대한 것이다.

당연히 인공지능시대의 일자리 정책은 일자리를 발굴하는 데서부터 시작되어야 한다. 사람은 먹고살기 위해 일하는 것이 기본이다. 의식주 문제를 해결하기 위해서는 일을 해야 한다. 이 세상에는 70억 인구가 살고 있다. 그 많은 사람의 의식주 문제를 해결하려면 엄청난 일자리가 필요하다. 그런데 그 많은 일자리가 자연히 발생하는 것도 아니고, 돈을 퍼부어서 만들어 낼 수 있는 것도 아니다.

그럼 어디에 가서 무슨 방법으로 그 많은 일자리를 만들어 내야 하는가? 70억 인구가 의식주 문제를 해결하고 문화생활을 영위하기 위해 현재 약 5만여 개 종류의 일자리가 있다. 국제적으로 통용되는 일자리 분류, 즉 국제 표준 직업 분류International Standard Occupational Classification에 따르면 세계적으로 통용되는 일자리 종류는 약 5만 개에 달한다.

국가별로 보면 미국이 37,000개, 영국, 독일이 각 40,000개, ILO국제노동기구 25,000개, 일본 24,000개, 한국 14,500개가량이 통용 중이다. 국가별 표준 직업 분류를 보면 우리가 창의력과 상상력을 동원해서 찾아낼수 있는 일자리보다 훨씬 많다. 각국의 일자리 중에서 중복된 일자리를 빼도 세계에 퍼져있는 일자리 종류는 약 5만 가지로 요약된다. 더구나 세계 경제가 거품경제 시대, 고용 없는 성장 시대로 접어들면서 일자리 창출 기회가 감소하는 측면이 있지만, 다른 한편에서는 다원화·세분화·맞춤복화, 다품종 소량생산화를 통해 일자리를 만들어 낼 수있는 기회는 늘어나고 있다.

그럼에도 불구하고 세계 각국은 일자리가 없다고 아우성이다. 실제로 사회는 발전하는데 일자리는 오히려 줄어들고, 실업률은 높아지고있다. 일자리가 모자라 생산인구가 감소하니 성장률은 떨어지고 세상살기가 갈수록 어려워지고 있다. 도대체 어떻게 된 일일까? 어떻게 해야 하는가? 해법은 일자리 발굴과 창출을 늘리는 길뿐이다. 그럼 일자리를 늘리는 방법은 있는가? 있다.

인공지능과 방통융합 일자리 창출 콘텐츠를 활용하면 일자리는 얼마든지 발굴하고 만들어 낼 수 있다. ①표준 직업분류를 통한 발굴, ②빅 데이터를 활용한 새 일자리 창출, ③SNS를 활용한 생활 속의 일자리창출다원화·다양화·맞춤복화, ④인공지능 및 방통융합과 신산업, 신기술, 신과학을 다시 융·복합하면 수많은 새로운 일자리를 만들어 낼 수 있다.인공지능은 방통융합과 빅 데이터를 활용해서 일자리를 창출하는 알고리즘을 만들어 낸다. 알고리즘은 프로그램을 만들어 일자리를 발굴하고 창출한다.

인공지능이 발굴한 일자리를 알고리즘이 만들어 낸 처방프로그램에 따라 일자리 맞춤형 교육·훈련 방식을 통해 취업·창업할 수 있도록 직업 능력과 직업 역량을 배양해서 예정된 일자리에 취업·창업을 알선하면 국민 완전 취업·창업시대를 열 수 있다.

표준 직업분류를 통한 일자리 발굴 방법 - 우리나라의 경우, 표준 직업분류SOC에 따른 일자리 종류는 1만 4,500개나 된다. 그러나 대학 졸업생들이 실제 취업하는 데 활용하는 일자리는 170개 종류에 불과하다. 정부와 기업이 실제 정책을 운용하고 기업을 경영하는 데 활용하는 일자리는 800가지에 불과하다. 전체의 5%에도 못 미친다. 나머지 95%는 버려진 일자리, 잊힌 일자리나 다름없다. 또, 일자리와 일자리 사이에 있는 틈새 일자리도 묻힌 일자리다.

비단 우리나라만의 문제는 아니다. 선진국 미국의 경우도, 아프리카 오지에 있는 후진국의 경우도 마찬가지다. 인공지능과 방통융합 콘텐츠를 활용해서 일자리를 발굴하고 실용화하면 엄청난 양의 일자리를 발굴·개발해낼 수 있다. 초기에는 최소 10% 이상, 알고리즘의 개발 진도에 따라 30%까지 새 일자리를 추가 발굴해낼 수 있다.

빅 데이터를 활용한 일자리 창출

2011년, 미국 국세청은 탈세를 줄이기 위해 범죄방지 솔루션, 소셜 네트워크 분석, 데이터 통합과 데이터 마이닝_{숨겨져 있는 일자리와 상관관계를} _{정보로 추출}을 통해 세금 누락을 막고, 불필요한 세금 환급을 줄이기 위해 대용량 데이터와 IT 기술을 결합해서 통합형 탈세 및 사기범죄 방지 시스템을 구축했다. 실제로 페이스북이나 트위터를 통해 범죄자와 관련된 계좌, 주소, 전화번호, 납세자 간 연관관계를 분석해 고의적인 세금 체납자를 찾아냈다.

빅 데이터는 기계의 윤활유와 같은 것으로, 정보화 시대의 각종 정보를 소통, 유통시키는 것을 의미한다. 빅 데이터는 모든 정보를 아우르기 때문에 이를 다룰 수 있는 기술이 필요하다. 빅 데이터를 활용하려면 빅 데이터를 수집, 가공, 분석하는 일련의 과정을 실시간, 또는 일정 주기에 맞추어 처리할 수 있어야 한다. 빅 데이터 활용은 데이터를 효과적으로 처리하고 분석할 수 있는 기술이 중요하다.

시간이 꽤 지난 자료지만, 2012년 한 해 동안 생성된 데이터는 2.8 제타바이트^{Zb}로 이전까지 생성된 데이터를 모두 합친 것보다 많다. 예전에는 슈퍼컴퓨터를 이용해서 거대한 양의 데이터를 분석했는데, 빅 데이터는 슈퍼컴퓨터와는 차원이 다르다.

빅 데이터를 활용하려면, 보유하고 있는 데이터를 수집·정리하고 분석해, 보기 편하게 자료를 만들어 내는 데이터 전문가와 과학자의 도움을 받아야 한다. 데이터 과학자는 통계학, 컴퓨터 과학, 머신러닝 등 기본적인 데이터 분석에 대한 이해뿐 아니라 프로그래밍 실력과 특정 도메인에 대한 비즈니스 지식도 중요하다. 빅 데이터 시대엔 데이터 과학자가 핵심적 역할을 하게 될 것이다.

맥킨지 보고서에 따르면 미국에선 2018년까지 14만~19만 명의 전문가, 2023년까지는 150만 명의 데이터 관리자와 분석 인력이 필요하다고 전망했다.

빅 데이터를 활용하면 3년 내 10~20%의 새 일자리를 추가로 창출할 수 있을 것으로 전망한다. 흔히 인공지능이나 빅 데이터는 일자리를 줄이는 기능을 하지만, 추가 일자리를 창출하는 기능이 있기 때문에 전체적으로 좋은 일자리가 크게 늘어나는 기능도 있다.

SNS 정보망을 활용한 일자리 창출 방법도 있다. 모바일스마트폰을 이용한 눈Social Network Service이 우리 삶 속에 깊숙이 파고 들어와 엄청난 정보를 양산해내고 있기 때문이다.

한편으로는 페이스북, 마이 페이스, 싸이월드, 카카오톡 등과 연결돼 있고 다른 한편으로는 카페, 블로그, 동호회까지 파고 들어가 통화,

쇼핑, 금융, 회의 등 각종 생활정보, 기술정보, 문화정보, 예술 관련 정보를 쏟아내고 있다. 개인정보 보호법의 제약이 있기는 하지만 인공지능이 SNS에 나타난 일자리 관련 각종 정보를 일자리 창출에 활용하면 일반에 공개되어 있는 자료보다 훨씬 많은 일자리를 발굴할 수 있다.

21세기는 개인주의 시대이고 다원화, 다양화, 맞춤복화, 다품종 소량생산시대이다. SNS는 다원화, 다양화 시대에 최고의 일자리 관련 정보 획득 수단이다. 인공지능은 이런 복잡하고 다양한 정보를 엮어서 일자리 창출·발굴에 활용할 수 있다. 특히 SNS에서 널리 회자되는 각종 생활정보, 문화·예술·스포츠정보는 이 분야의 일자리 창출에 큰 보탬이 될 수 있다. 인공지능은 생활 정보 속에서 지금 활용되지 않는 직업을 발굴해내어 지금보다 10~20% 많은 새 일자리를 추가로 만들어 낼 수 있다.

일자리 맞춤형 교육·훈련 & 일자리 창출 원스톱 서비스

일자리 발굴은 일자리 창출의 시작에 불과하다. 일자리를 발굴하면 발굴한 일자리에 알맞은 일꾼을 찾아내서, 그리고 그 일자리에 적합한 직업 능력을 갖추게 해서 원하는 일자리를 찾아가서 일할 수 있도록 해주어야 한다.

이것이 일자리 맞춤형 교육 훈련이다. 일자리 맞춤형 교육훈련을 하려면 일자리를 발굴할 때부터 해당 일자리에 대한 취업 조건^{자격요건}을 분석, 정리해서 취업·창업 할 구직자를 양성해내야 한다.

취업조건, 자격요건은 국가별, 성별, 연령별, 학력별, 인성·적성, 체격, 취향, 습관, 성격별로 분류하고, 교육·훈련 방법도 일반, 특수, 실험, 실습, 개별·집단, 온·오프라인, 멘토링, 컨설팅, 가정교사 교육방식까지 모든 교육과정을 맞춤교육방식으로 진행해야 한다. 특히, 피교육자의 적성과 능력에 맞추어 개별 교육이 필수적으로 이루어져야 하고, 교육·훈련 속도를 조절해야 한다.

일자리 맞춤형 교육·훈련 과정은 청년 교육·훈련과정, 중·장년 과정, 여성 과정, 시니어 장애인 과정, 노인 과정 등 피교육자의 적성·능력에 맞추어 시행해야 한다. 또, 교육·훈련 전 과정은 일자리 발굴에서→홍보 →리크루트 →인·적성검사 →컨설팅·멘토링 →맞춤교육·훈련 →면접취업·창업 →사후관리까지 8단계 원스톱 서비스 방식으로 진행돼야 한다. 이 모든 과정은 능률, 성과, 실적을 극대화하기 위하여 일자리 맞춤형으로 진행돼야 하고 취업지망^{취업예비군}생에 대해서는 제2, 제3의 예비지망을 준비해 두어야 한다. 특히 프로그램 제작은 현재 스마트폰 사용자들이 애용하고 있는 게임, 오락, 스포츠보다 재미있고, 흥미 있고, 유용한 것을 만들어 내야 한다. 인공지능을 활용하면 이 모든 일이 가능하다.

일자리 맞춤형 교육·훈련은 인공지능 방통융합 콘텐츠만이 해낼 수 있다. 일자리 맞춤형 일자리 창출과정을 원스톱 서비스화하는 것은 인공지능을 활용하지 않고는 불가능한 일이다. 모든 국민에게 1대1 맞춤 교육을 한다는 것은 인공지능과 방통융합이 결합하지 않고서는 상상도 할 수 없는 일이다. 즉, 인공지능만이 1대1로 가정교사 노릇을 하는 프로그램을 만들 수 있다는 얘기다. 다만, 프로그램화를 위한 기술개발, 진도에 따라 초기에는 소그룹 형태의 가정교사 방식을 활용할 수 있다.

JOB 포탈은 인공지능 융·복합의 용광로

인공지능은 컴퓨터, 사물인터넷IoT을 활용해서 산업과 산업, 데이터와 데이터, 기술과 기술, IT 기술과 산업·과학 기술, 일자리 창출과 빅데이터, SNS와의 융·복합을 JOB 포탈이라는 용광로 속에서 녹여내는 기적의 마술사다.

인공지능은 각종 데이터의 융·복합을 통해 얻어진 일자리 관련 콘텐츠를 프로그램화, 메뉴얼화, 네트워킹화해서 상상을 뛰어넘는 새 일자리를 창출해낼 수 있다. 이런 작업들은 데이터 과학자가 한다. 이제 우리도 데이터 과학자를 대량 양성할 때가 됐다.

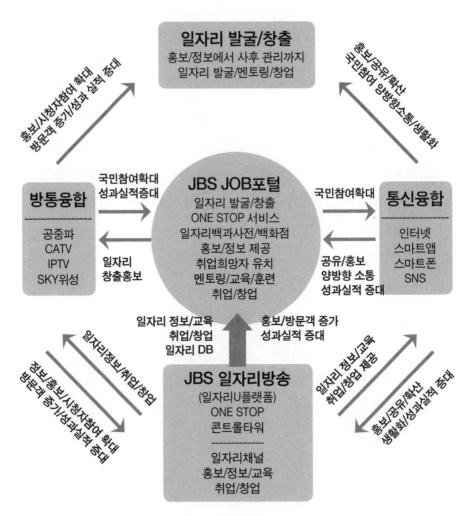

일자리 발굴/창출
홍보/정보에서 사후 관리까지
일자리 발굴/멘토링/창업

홍보/시청자참여 확대
방문객 증가/성과 실적 증대

홍보/공유 확산
국민참여 양방향소통/생활화

방통융합
───────
공중파
CATV
IPTV
SKY위성

국민참여확대
성과실적증대

일자리
창출홍보

JBS JOB포털
일자리 발굴/창출
ONE STOP 서비스
일자리백과사전/백화점
홍보/정보 제공
취업희망자 유치
멘토링/교육/훈련
취업/창업

국민참여확대

공유/홍보
양방향 소통
성과실적 증대

통신융합
───────
인터넷
스마트앱
스마트폰
SNS

일자리 정보/교육
취업/창업
일자리 DB

홍보/방문객 증가
성과실적 증대

일자리정보/취업/창업
정보/홍보/시청자참여 확대
방문객 증가/성과실적 증대

일자리 정보/교육
취업/창업 제공
홍보/공유/확산
생활화/성과실적 증대

JBS 일자리방송
(일자리U플랫폼)
ONE STOP
콘트롤타워
───────
일자리채널
홍보/정보/교육
취업/창업

　JBS 일자리 방송은 정부의 정책 실패로 사망선고를 받은 창조 경제 일자리 창출 모델을 살려내기 위해 JOB 포탈 JBS-CJC센터창조 일자리 창출센터, 즉 창조 일자리 창출 클러스터 구축 및 운영에 나섰다. JOB 포탈은 "일자리 먼저 만들어 내서 투자·성장을 이끌어낸다"는 시대적 요청에 부응해서 일자리 발굴에서부터 홍보, 리크루트, 인성·적성검사, 멘토링·컨설팅, 맞춤 교육·훈련, 맞춤 취업·창업, 사후관리까지 창조 일자리 창출 전 과정을 담당하게 된다. 이미 60% 구축 단계에 있었으나, 기업회생 절차를 밟기 위해 일시 중단 상태에 있다.

JBS JOB 포탈은 인공지능이 컨트롤 타워가 돼서 방통융합 콘텐츠, 일자리 발굴 콘텐츠, 일자리 맞춤형 교육·훈련, 취업·창업기법, 일자리 창출 원스톱 서비스 시스템 구축, 국제표준 직업 분류ISOC 데이터베이스 구축 등을 통해 정부의 규제, 간섭을 떠나 사이버공간에서 일자리 창출 사업을 진행할 수 있는 혁명적 일자리 창출 시스템이다.

인공지능은 빅 데이터, SNS, ISOC, 방통융합 매체에서 수집한 각종 데이터를 토대로 알고리즘을 만들어 인공지능 일자리 창출 프로그램을 실행하면서 제4차 일자리혁명을 이끌어 나간다.

아무튼 인공지능 활용 방통융합 콘텐츠가 실행되면 모든 국민은 일할 의욕과 능력이 없어 스스로 포기한 사람을 빼고는 자신이 원하는 일자리에 100% 취업·창업할 수 있다. 그곳이 바로 일자리혁명이고, 일자리 천국을 건설하는 것이다. 제4차 일자리혁명이 실현되면, 생산인구의 급증에 힘입어 제4차 산업혁명이 탄력을 받게 된다. 2개의 혁명이 쌍두마차가 되어 세계 경제를 저성장, 고실업, 빈부 양극화라는 트리플 트랩에서 벗어나게 할 수 있다. 곧 세계 인류의 행복에 이바지하게 될 것이다.

9

기적의 AI일자리혁명 기본모델
– 패러다임, 콘셉트, 콘텐츠, 메커니즘, 시스템

일자리 창출의 새 패러다임- 인공지능 일자리 창출 시대

인공지능 일자리 창출의 기본 콘셉트(Ⅰ) - 20세기는 투자·성장을 통해 일자리를 만들어 내는 시대이며, 21세기는 일자리를 먼저 만들어 내서 투자·성장을 이끌어내는 시대패러다임 시프트이다. 인공지능은 현재의 산업 동향과 일자리 패턴을 보고, 차세대 산업과 일자리를 만들어 내는 기적을 창출한다.

기본 콘셉트(Ⅱ) - 위기의 경제 살리기 핵심 처방을 한다. 3년 내 고용률 제고60%→70% 이상 및 질적 향상생계비 이하의 저임금 일소, 성장률 제고 5%~ 6%, 소득수준 향상1인당 GDP 5~ 6만 달러, 생활패턴의 변화, 산업구조의

개편을 통해 정치 경제 정책의 최종 목표인 국민 행복시대를 실현한다.

기본 콘셉트(Ⅲ) - 한편에서는 빅 데이터, SNS, 국제표준직업분류 ISOC, 각종 정보데이터를 활용하여 5~7만 개 직종에서 무수한 일자리를 발굴·창출하고, 취업조건도 제시한다. 다른 한편에서는 인터넷, SNS에 접근할 수 있는 세계 30억 인구의 개인신상정보, 소양, 성향, 인성, 적성, 취미, 버릇, 습관에 관한 각종 정보와 데이터를 취합·정리해서 취업·창업 자격요건을 작성, 발굴한 일자리의 취업조건과 매칭한다. 즉, 일자리에 맞는 구직자를 분류·선발해서 취업·창업을 지원한다. 3~5년 내 전 국민에 100% 취업·창업보장, 특히 청년 일자리 100%가 해결 가능하다.

기본 콘셉트(Ⅳ) - 인공지능 일자리 창출방식의 획기적인 저비용 고효율 구조기존 방식의 2~10분의 1 비용으로 10~20배의 성과 실적이 가능함는 예산관리, 행정관리, 기업 경영관리에도 크게 기여할 것으로 전망한다.

기본 콘셉트(Ⅴ) - 미래학자 토마스 프레이는 인공지능이 주도한 산업혁명으로 인해 2030년까지 20억 개의 일자리가 사라진다고 예언한다. 인공지능이 사라지는 일자리의 주범이라고 분석한 것이다. 그러나 필자는 제4차 일자리혁명을 제안함으로써, 인공지능 일자리혁명으로 2030년까지 25억 개의 질 좋은 새 일자리가 생길 것으로 전망한다. 인공지능이 새 일자리 창출을 주도하는 것이다.

1~3차 산업혁명은 한편에서는 기계화, 자동화, 디지털화를 통해 일자리를 줄이는 기능을 했으나 다른 한편에서는 분업화, 대량생산화, 다원화, 다양화를 통해 새 일자리를 크게 늘렸다. 제4차 산업혁명도 마찬가지일 것으로 본다. 인공지능은 알고리즘Algorithm, 딥 러닝Deep Learning을 만들어 사이버공간에서 빅 데이터와 SNS, 컴퓨터, 사물인터넷IoT, 방통융합을 활용하여 새 일자리를 발굴하고 창출한다.

기본 콘셉트에 맞는 이론적 모델이 완성되면, 인공지능 과학자, 기술자가 이들 각종 정보와 데이터를 상호 교류, 취합, 정리한 후, 알고리즘, 딥 러닝이 활용될 수 있도록 기술적으로 매칭한 후 프로그램화해서 인공지능 일자리 창출에 활용한다.

산업혁명은 아놀드 토인비가, 제4차 산업혁명은 클라우스 슈밥다보스포럼 회장이 사용하였고, 국내에서는 안철수 국민의당 대표가 처음 언급했다. 일자리혁명과 제4차 일자리혁명이라는 용어는 필자인 박병윤일자리방송 회장이 처음으로 언급했다.

1) 패러다임 시프트-새 일자리 발굴 및 창출 방법

일자리 창출의 새 패러다임이 열렸다. 20세기는 투자·성장을 먼저 하여 일자리를 창출하던 시대였으나 21세기는 일자리를 먼저 만들어 투자·성장을 이끌어내는 시대이다. 즉, 일자리 창출 패러다임이 달라진 것이다. 인공지능의 일자리 창출 능력은 전 국민 완전고용과 완전 취업을 보장할 수 있다.

　미래의 일자리 정책은 일자리 발굴 및 창출에서 시작돼야 하며, 이를 위해서는 창조경제의 일자리 창출이 핵심이다. 4차 산업혁명의 신산업, 신기술, 신과학 및 산업과 산업, 기술과 기술의 융·복합은 기존의 많은 일자리를 사라지게 한다. 그러나 인공지능은 제4차 산업혁명에서 개발된 핵심 기술을 제4차 일자리혁명에 활용, 많은 일자리를 만들어 낸다. 빅 데이터와 SNS에서 나오는 무한대의 데이터를 활용, 약 7만여 개 종류의 직종에서 필요한 일자리를 거의 무한대로 만들어, 여기에 취업할 사람의 자격 요건을 가려내어 취업을 원하는 사람에게 100% 취업 및 창업을 보장할 수 있다. 특히 청년 일자리 창출을 글로벌화해야 한다.

　일자리 발굴의 핵심 콘텐츠는 ①인공지능 자체 일자리 창출Algorithm+Deep Learning, ②국제표준직업분류ISOC 활용, ③빅 데이터, SNS를 활용한 새 일자리 발굴, ④생활 속의 일자리다원화, 다양화, 맞춤복 시대의 새 일자리를 만들기 위해 생활패턴의 변화에 따른 새 일자리 창출 및 발굴, ⑤글로벌 일자리 창출, ⑥청년 일자리 창출의 여섯 가지로, 특히 인공지능은 과거와 현재의 일자리 패턴을 보고 미래의 일자리를 예측하여 창출하는 신통해 보일 정도의 능력이 있다.

세계인구 70억 중 40억 명은 아직 인터넷 문명에 접근하지 못한 문맹자이다. 세계인구의 17%는 2차 산업혁명을 경험하지 못했고, 세계인구의 40%는 3차 산업혁명 미경험자이며, 4차 산업혁명권 인구는 30% 내외약 20억 명이다. 그래서 세계 경제는 1, 2, 3, 4차 산업혁명이 동시에 진행되고 있으며, 이에 따라 새 일자리를 25억 개 이상 창출 가능하다동시에 일자리 세계의 대이동이 예상된다.

인공지능의 정보수집·분석 능력은 가공할 수준이다. 발굴한 수많은 일자리에 대한 특성, 취업조건 등 상세한 정보를 제공하는 것이 가능하며, 수억 명에 달하는 구직, 취업희망자에 대한 자격조건 등 인적정보도 상세히 정리하여 활용할 수 있다. 기능·직능에 따라 정신노동, 육체노동, 사무직, 기술직, 문화·예능직 등으로 분류하며, 또 청년 일자리, 중장년 일자리, 시니어 일자리, 여성 일자리, 장애인 일자리, 해외 일자리 등으로 분류한다. 특히 해외 일자리도 쉽게 취업할 수 있도록 맞춤형 교육·훈련을 실시하며, 기능과 직능도 대분류, 중분류, 소분류, 상세분류 등으로 나누어 취업희망자의 자격요건을 세분화해서 매칭서비스를 한다.

인공지능의 빅 데이터, SNS 분석은 일자리 발굴과 동시에 발굴한 일자리직종에서 일할 수 있는 노동자구직자군 개개인의 취업요건 자격요건까지 분석·분류할 수 있으며, 특히 일할 수 있는 연령대의 인적정보가 상세하게 정리돼 나온다.

2) 발굴한 새 일자리 홍보- PR, 마케팅, 커뮤니케이션

일자리는 생업의 수단이다. 일자리를 발굴하면 취업·창업 희망자에게 널리 홍보해야 하므로, PR, 마케팅, 커뮤니케이션이 필수다. 어디에 어떤 일자리가 얼마나 있는가? 그 일을 수행하려면 어떤 자격요건이 필요한가? 발굴하는 새 일자리에서 얻을 수 있는 수입은 얼마나 되는가? 일자리에 대한 상세한 정보 제공은 반드시 뒤따라와야 한다.

인공지능이 빅 데이터 등에서 발굴해낸 엄청난 일자리 관련 정보는 그대로 두면 쓰레기더미에 불과하다. 국가별, 지역별, 성별, 연령별, 학력별, 습관, 관습에 맞추어 분류를 활용하여 황금 정보로 만들어야 한다. 홍보도 맞춤형·표적홍보를 해야 하며, 일자리 정보가 필요한 사람에게 필요한 맞춤 정보를 인공지능이 제공한다. 홍보도 1대1 맞춤형·표적홍보를 해야 한다. 일자리 홍보는 적성에 맞는 일자리에 100% 취업·창업이 가능하다는 점을 중점으로 마케팅하며, 이를 통해 이루어낸 100% 취업은 곧 국민 행복시대를 구현하는 발판이 될 것이다.

3) 리크루트

발굴, 창출한 일자리5~7만 개 직종는 직종·직업별로 취업·창업 희망자를 모집, 적성 능력에 맞는 직종·직업별로 일할 수 있도록 교육하고 훈

련하기 위해 취업희망자를 모집한다. 취업·창업 희망자는 원칙적으로 리크루트 사이트에 신고해야 하며, 병행해서 JOB 포탈의 리크루트 사이트에서는 빅 데이터, SNS 분석을 통해 취업·창업 예정자 자체 발굴 및 등록, 매칭서비스 한다. 단, 개인정보보호법에 저촉하지 않게 하되, 휴대전화 번호를 반드시 확보한다. 리크루트도 개별 맞춤형으로 시행하며 인공지능이 만들어 낸 알고리즘, 딥 러닝이 수행한다.

　4) 인·적성검사

　국고를 나누어 주기 위해 하는 듯 무턱대고 모집해서 무작정 주입식으로 교육하는 현행 교육·훈련제도는 구시대의 유물이다. 고용부에서 시행하고 있는 대표적 취업교육시스템인 내일 배움 카드제의 경우, 수강자 1인당 200만 원 내외씩 지원하는데 교육 훈련과정에서 20%가 탈락하고, 교육과정 이수한 80% 중 30%만 취업·창업을 한다. 그나마 살아남은 24% 중 70%가 3년 내 이직·전직, 휴·폐업 형태로 그만둔다.

　3년 후 생존율은 겨우 7~8% 남짓이다. 100억 원을 투입해서 교육·훈련하면 겨우 7~8억 원만 살아남고 92~93억 원이 낭비된다는 말이다. 인·적성검사 후 일자리 맞춤형 교육 훈련방식으로 전환하면 3년 후 생존율은 90% 수준으로 높아진다. 교육·훈련비도 2~10분의 1 수준으로 떨어지며, 3~5년 후엔 무료화도 가능할 것이다. 이런 낭비를 막으려면 직종별, 직업별, 일자리 특성에 맞추어 직업 수행 능력을 사전 점검해서 인도해야 한다. 이것이 인·적성 검사다.

그렇다면 그 많은 사람의 인·적성검사는 어떻게 하는가? 인공지능이 딥 러닝 알고리즘을 만들어 활용하면 재미와 흥미를 잃지 않고 참여하는 방식으로 인·적성검사를 할 수 있다. 취업·창업 희망자에게 각자의 인·적성에 맞는 일자리를 권유해야 하므로 인·적성검사도 맞춤형으로 한다. 비용은 초기엔 정상요금의 2~5분의 1, 3~5년 후부터는 무료화도 가능하다.

5) 컨설팅과 멘토링

인·적성검사를 통해 취업·창업 희망자를 분류하면, 그다음은 희망자가 원하는 일자리가 그의 인·적성에 맞는지, 취향에 맞는지 상담하면서 검증한다. 다수를 상대로 지도하고 검증하는 것이 컨설팅, 1대1로 심층검증, 심층지도를 하는 방법이 멘토링이다. 진도가 안 나가는 사람, 이해가 느린 사람에 대해서는 특별과외 지도, 즉 1대1 멘토링이 필수다. 5년 후엔 전면적으로 확대 시행한다.

그럼 그 많은 사람을 상대로, 그 많은 상담은 어떻게 하는가? 역시 인공지능이 딥 러닝 알고리즘 프로그램을 활용하면 간단하게 처리할 수 있다. 알고리즘과 딥 러닝 개발이 인공지능의 핵심 기술인 것이다.

바둑에서 알파고가 7백만 가지 경우의 수를 동원해서 한 수 한 수 놓듯이 컨설팅, 멘토링도 수백, 수천만 가지 경우의 수를 동원해서 제1지망, 제2지망, 제3지망까지도 도출해낼 수 있다. 알고리즘 프로그램은 즐겁고 재미있게 꾸며야 참가자들이 인·적성검사도 즐겁고 재미있게 참여할 수 있다.

6) 맞춤교육·맞춤훈련

일자리 맞춤형 교육·훈련 시스템은 2011년, 일자리방송이 현행 교육훈련제도의 간판사업인 내일 배움 카드제의 비능률적·낭비적 요소를 시정하기 위해 제안한 것이다. 당시 고용부와 미래부는 제안을 거부하고 이를 받아들이지 않았는데, 정작 이 시스템의 성과 실적은 내일 배움 카드제보다 7~8배가량 향상됐다는 것을 보여주었고, 이를 안 고용부는 뒤늦게 내년 예산에 반영하기로 하였다.

소득수준의 향상과 성숙한 민주주의는 자유와 창의, 개성에 맞게 다원화·다양화되고, 각자의 개성에 맞는 맞춤복 시대를 지향하게 된다. 일자리 창출을 위한 교육 훈련은 다원화, 다양화, 맞춤복 형태로 다양해지며, 1대1 방식으로 진행한다. 처음에는 소그룹방식, 5년 후엔 대규모 무료화를 바라보며 성과·능률을 극대화한다.

인공지능 일자리 창출 콘텐츠는 이런 시대적인 흐름에 맞추어 1대 1 맞춤교육을 하게 된다. 인공지능은 딥 러닝 알고리즘을 통해 새로운 알고리즘을 만들고 이를 프로그램화해서 바둑 수를 놓듯이 1대1로 한 수 한 수 대상자에게 맞추어 한 수씩 진행하는 맞춤 교육, 맞춤취업을 진행한다. 맞춤형 교육·훈련은 스마트폰, 태블릿 등 모바일 기기가 중심 매체가 된다.

인공지능을 활용하면 교육·훈련뿐 아니라 상품도, 서비스도 맞춤복 시대에 맞추어 다원화, 다양화 시대를 지향하게 된다. 비단 일자리 창출뿐만 아니라 상품의 완전한 맞춤 생산Customization이 가능해지고, 새로운 운영·관리시스템이 활용된다. 이것이 맞춤복 시대다.

맞춤교육·맞춤취업은 피교육생의 정보습득능력을 높이고 자발적으로 참여케 해서 취업·창업 능력을 획기적으로 제고하는 데에 목표가 있다. 특히, 인공지능이 프로그램을 잘 만들 환경이 갖추어지면 일자리 창출 전 과정에서 웃고 즐기며 신바람 나는 교육 훈련이 가능해질 것이다. 지루하지 않고 즐거운 만큼 피교육생의 정보습득능력이 높아져 취업률을 제고할 수 있다. 실험, 실습, 실기교육도 다원화, 다양화하고 맞춤복 시대에 주파수를 맞추어야 한다. 당연히 획기적인 취업, 창업이 가능해질 것이다. 인공지능 일자리 창출은 현행 내일 배움 카드제가 보여주는 취업률 7~8%에서 90~100% 선까지 제고할 수 있게 될 것이다.

초기엔 직종별, 소그룹별 맞춤교육으로 진행하겠지만, 지속하여 시행하게 되면 3~5년 이내에 모든 취업·창업 희망자에게 1대1 맞춤교육이 가능해질 것으로 본다. 지금과 같은 지루한 대규모 주입식 교육이 아니라, 참여자들이 웃고 즐기며 신나게 맞춤교육을 할 수 있게 될 것이다. 그뿐인가. 정부, 공공부문, 대기업 등 소위 좋은 일자리라고 하는 곳은 지금도 1대1 멘토링이 필수다.

1대1 맞춤교육은 스마트폰 등 모바일기기가 핵심 소통 수단으로 부상할 것이다. 지하철이나 대중교통을 이용해 보면 거의 모든 탑승객이 스마트폰에 몰입하고 있는 모습을 쉽게 볼 수 있다. 인공지능이 알고리즘과 딥 러닝을 활용해서 학습자에게 재미있고 실용적인 프로그램을 만들어 공급하면 게임이나 오락에 몰입돼 있는 스마트폰 중독자들을 일자리 창출 프로그램으로 끌어들여 최고의 취업률 실현이 가능해질 것이다. 비용은 다른 온라인 수강료의 2~5분의 1 수준으로 책정하며, 3~5년 후엔 무료화도 가능할 것이다.

7) 매칭 서비스- 맞춤취업, 맞춤창업

맞춤교육, 맞춤취업은 맞춤취업, 맞춤창업과 연계하여 실행된다. 일자리 발굴에서 맞춤교육 훈련과정까지 6단계에 걸친 일자리 창출 과정은 구인·구직의 매칭^{중개} 서비스, 즉 맞춤취업과 맞춤창업을 실현하기 위한 것이다. 일자리 발굴에서 홍보, 리크루트, 멘토링 컨설팅, 교육 훈련과정에 이르는 전 과정의 최종 목표는 취업·창업률을 최고로 높이기 위한 것이다. 그렇기에 일자리 창출 전 과정은 취업·창업률을 최대로 끌어올릴 수 있는 1대1 맞춤형을 지향한다. 일자리 창출은 취업·창업을 위한 것이므로, 희망하는 일자리에 100% 취업·창업하는 것이 최종 목표다.

8) 사후 관리

취업이나 창업을 해도 안정적으로 뿌리를 내리려면 3년 정도가 소요된다. 새 일자리에서 3년을 버티면 평생직장이 될 수 있는 것이다. 그러다 보니 취업·창업 후 3년간 사후 관리를 해주는 것이 매우 중요하다고 할 수 있다. 이 기간에 이직이나 전직, 휴업이나 폐업 형태로 직업혹은 직장을 그만두는 경우가 많다. 현행 내일 배움 카드제의 경우, 피교육생의 70%는 취업 후 3년 이내에 그만둔다. 사후 관리 기간에 적응에 실패하고 직업이나 직장을 그만두게 되는 경우, 제2, 제3의 적성과 희망직장을 찾아준다. 사후 관리 기간이므로 비용은 JOB 포탈이 전액 부담한다.

9) 일자리 창출 원스톱 서비스

일자리 발굴·창출에서 맞춤 교육·훈련, 맞춤 취업·창업, 사후 관리까지 8단계 일자리 창출의 전 과정을 한 곳JOB 포탈에서 일괄 작업으로 수행하는 것이 바로 일자리 창출 원스톱 서비스다.

일자리 창출 원스톱 서비스는 저비용 고효율의 혁명적 일자리 창출 콘텐츠로, JBS 일자리방송이 5년 전 개발해서 지적재산권저작권 등록을 확보하였고, 2014년 미래부 창의재단이 시행한 "방통융합 일자리 창출 기반 조성 사업"에서 2회 입찰 끝에 우선 협상자로 선정된, 정부가 공인한 서비스이다.

그러나 미래부는 부채가 많다는 이유를 붙여 총 25억 원의 사업자금 중 수수료 및 일자리 창출과 무관하게 방송사에 갈라준 예산 등 9억 원은 창의재단과 지상파 방송이 사전에 챙기고, 일자리방송에 배정한 본 예산 16억 원은 국고에 반납해 버렸다. 창조경제의 핵심사업을 국고에 반납하고 부수 예산은 갈라먹기 한 것이다. 이는 그저 정부가 직권을 남용한 것에 지나지 않는다.

무당이 굿판 벌이는 이상한 사이비 창조경제에는 민간의 돈까지 동원해서 수백억 원씩 지원하면서 핵심 창조경제 사업을 하는 방통융합 콘텐츠는 타 사업에 비해 쥐꼬리만 한 예산16억 원마저 국고에 환수해서 아예 시범사업조차 할 수 없도록 해버린 미래부와 창의재단을 보면 개탄을 금할 수 없다. 정부가 창조경제 죽이기를 하고 있는 것이다. 오늘의 경제 위기는 정부가 공인한 방통융합 일자리 창출사업을 정부가 폐기한 데서 비롯된 것이 아니던가.

정부는 뒤늦게 올해 예산에 일자리방송이 개발한 일자리맞춤형 교육·훈련, 일자리 창출 원스톱 서비스, JOB 포탈 사업부문에 상당한 예산을 배정했다. 그러나 JBS가 아니면 당장 해당 사업을 할 수 있는 기업이나 기관이 없다. 정부가 또 어떤 해괴한 방법으로 이런 획기적인 일자리 창출 모델을 쓸모없게 만들려는지 알 수 없으나, 다시 예산이 낭비되는 것을 막으려면 예산 당국이 철저히 관리·감독해야 한다.

일자리 맞춤형 교육 훈련과 일자리 창출 원스톱 서비스 콘텐츠를 잘 활용하면 비용은 2~5분의 1로 줄이고, 성과실적은 10~20배를 제고할 수 있다. 저비용 고효율 시스템은 예산관리, 행정관리, 기업 경영관리에도 확대 적용이 가능하다. 모든 국민이 적성과 능력에 맞는 일자리에 100% 취업할 수 있는 곳, 다시 말해 일자리 천국을 건설할 수 있는 것이다.

10) 인공지능 일자리 창출 컨트롤 타워- JOB 포탈

인공지능 일자리 창출 전 과정을 기획·관리·운영하는 곳은 JBS일자리
방송 CJC 센터창조 일자리 창출센터가 개발한 JOB 포탈이다.

JOB 포탈은 일자리방송이 일자리 창출 콘텐츠를 실용화하기 위해
개발되었다. 인공지능 일자리 창출의 핵심 콘텐츠인 일자리 발굴 및
창출, 일자리맞춤 교육·훈련, 8단계 일자리 창출 원스톱 서비스를 총괄
하는 인공지능 일자리 창출 사업의 컨트롤 타워로서 만들어졌다. 2013년
2월 1일, JBS 창조 일자리 창출 센터가 구축 운영 공동사업협약을 체결
하면서 이를 더욱 확실히 했다.

JOB 포탈은 인공지능 일자리 창출의 전 과정을 총괄한다. 일자리 발
굴 등 8단계 원스톱 서비스가 일관되게 맞춤형으로 진행될 수 있도록
모든 기술적 장치를 갖추고 알고리즘과 딥 러닝을 활용해서 인공지능
일자리 창출의 성과와 실적을 극대화한다. 특히, 정부가 내년 사업예
산을 배정하여 중점 추진키로 한 일자리 맞춤 교육·훈련, 원스톱 서비
스, JOB 포탈 콘텐츠는 일자리방송이 모두 3~4년 전에 개발해서 저작
권 등록까지 마친 상태이다.

JOB 포탈은 일자리백화점, 일자리백과사전 기능을 한다. 일자리의
모든 것을 망라하고 있기 때문에 JOB 포탈에 들어오면 누구나 입맛에

맞는 일자리에 취업하는 것이 가능하다. 일자리 창출 8단계 원스톱 서비스는 제4차 일자리혁명의 핵심 콘텐츠이며, 일자리방송은 이미 이에 관련된 10개의 지적재산권을 확보했다.

JBS CJC 센터는 세계 최초의 JOB 포탈이며, 그 효용성 역시 뛰어나다. 비용은 기존 내일 배움 카드제의 2~5분의 1, 성과실적은 10~20배에 달하는 혁명적 일자리 창출 콘텐츠다. 일자리 백과사전이자 일자리 백화점이며 사이버 일자리 종합 대학이다. 정상적으로 활성화 된다면 하루 조회 수는 초기 2,000~3,000만 건을 상회할 것으로 예상한다. 5년 내 수익자 부담 없이도 높은 수익을 올릴 수 있는 시스템이 될 것이다. JOB 포탈이 완성되면 정부의 일자리 창출 관련 예산을 획기적으로 줄이면서 전 국민 100% 취업·창업을 실현할 수 있게 될 것이다.

인공지능 JOB 포탈은 인공지능 일자리 창출의 기술적 메커니즘, 프로세스, 매뉴얼 작성이 진행 중이다. 누구든지 JOB 포탈에 들어오면 원하는 일자리를 100% 얻어 낼 수 있는 일자리 창출의 마술사가 되어줄 것이다.

안타깝게도 JOB 포탈을 구축하는 과정에서 방통융합 일자리 창출 콘텐츠사업이 중단되는 바람에 일자리 창출 시범사업도 덩달아 중단 상태에 있다. 그러나 이런 악재 속에서도 일자리방송은 한 단계 업그레이드된 인공지능 활용 방통융합 일자리 창출 콘텐츠 개발을 완료했다. JOB 포탈이 완성되면 제4차 일자리혁명의 핵심 콘텐츠가 될 것이며, 이를 시행하기에 앞서 관료주의, 규제주의는 최악의 일자리혁명 저해요인이 될 것이다.

일자리 발굴 및 창출, 일자리 맞춤교육 훈련, 일자리 창출 원스톱 서비스, JOB 포탈은 21세기가 낳은 기적이 될 것이며, 인공지능 일자리 창출 콘텐츠의 핵심사업이 될 것이다. 일자리방송은 관련 콘텐츠를 개발10개 지적재산권 확보 및 특허 출원 중했다. 앞서 말했듯 여러 악재가 있었으나, 올해 고용부는 맞춤교육, 원스톱 서비스, JOB 포탈에 상당한 예산을 반영하였다. 그러나 고용부는 콘텐츠에 대한 이해 부족으로 말미암아 콘텐츠별로 예산을 분리 집행하거나 눈가림식으로 집행할 가능성도 배제할 수 없다. 원래 JOB 포탈 시스템이 가지고 있는 가능성인 10~20배의 성과 실적을 내려면 일자리 발굴, 맞춤교육, 원스톱 서비스, JOB 포탈 관련 예산을 일괄 집행하는 것이 바람직하다.

인공지능 일자리 창출은 이 시대의 일자리 창출 해결사이며 기적을 일구어내는 요술쟁이가 될 것이다. 모든 국민에게 원하는 일자리를 만들어 주는 것을 최종목표로 하며, AI 일자리혁명만이 일자리 천국의 문을 열 수 있는 열쇠가 될 것이다.

현재 연간 일자리 창출 순증규모증가-감소는 40만 개 수준으로, 인공지능 일자리 콘텐츠가 활용되면 연간 순증규모는 150~200만 개 수준으로 증가할 것이다. 이에 따라 자연스럽게 경제성장률은 다시 5%대로 상승할 것이며 1인당 GDP 5만 달러 시대, 주가 3,000~4,000시대가 열리게 될 것이다. 이것이 바로 국민 행복 시대다.

인공지능 일자리 창출

인공지능은 사람이 어떻게 활용하느냐에 따라 그 기능이 달라진다. 인공지능은 사람의 능력으로는 불가능한 많은 일을 할 수도 있고 해결사 노릇을 할 수도 있다. 기후변화, 전쟁, 범죄, 질병, 재해 등 인류를 위협하는 많은 문제를 일으킬 수도 있고 해결할 수도 있다. 인공지능 그 자체는 선도 악도 아니다. 우리가 어떻게 활용하느냐에 따라 그 마지막 모습이 달라지고 세상이 달라진다.

분명한 것은 인공지능이 이끄는 제4차 산업혁명은 일자리혁명과 함께하지 않으면 그 자체의 성공 때문에 자멸하고 말 것이라는 점이다. 즉, 제4차 산업혁명은 성공하면 할수록 일자리가 사라지고, 양극화를 촉진할 것이다. 일자리가 사라지면 경제도, 제4차 산업혁명도 살아남지 못한다. 이것이 제4차 산업혁명의 역설이다.

중요한 것은 인공지능[AI]의 일자리 창출 능력이다. 사람은 인공지능을 활용해서 수많은 양질의 일자리를 발굴하고 창출할 수 있다. 발굴

된 새 일자리는 소득수준을 끌어올리고, 삶을 풍요롭게 만들고, 국민을 잘 먹고 잘살게 할 수 있다.

정부 일자리 정책의 대 전환이 시급하다. 무엇보다도 생각을 바꿔야한다. 정책을 바꿔야 한다. 관료주의와 규제주의에서 벗어나야 한다. 디지털시대, 스마트시대, 인공지능시대에는 정부가 일자리를 만들어내는 시대가 아니다. 인공지능이 일자리를 만들어 낸다. 정부는 간섭하고 규제할 궁리 대신 그 힘을 최소화한 작은 정부를 만들어 AI 일자리혁명을 지원할 궁리를 하는 것이 최선의 선택이다.

좋은 일자리를 많이 만들어 내면, 자연히 국가는 부강해지고 국민은 잘 먹고 잘살 수 있다._{애덤 스미스} 국민 소득 수준은 올라가고, 경제성장률은 높아지고, 주가도 올라가고, 빈곤층은 사라진다. 그야말로 유토피아적인 국민 행복시대가 열린다.

그럼, 인공지능은 어떤 방법으로 새 일자리를 발굴하고 창출할 수있는가? 새 일자리 발굴 및 창출의 핵심 콘텐츠는 무엇인가? 이에 관해서는 다음 장에서 다시 설명하기로 한다.

10

스마트폰시대
– 그 엄청난 폭발력을 인공지능과 결합하면

　지하철을 타 보면 젊은이 대부분이 스마트폰에 매달려 있다. 스마트폰 현상이라고 할까? 스마트폰 현상은 단순한 유행이 아니라, 일종의 유행병이 돼 버렸다. 비단 젊은이들뿐만이 아니다. 어린이도, 학생도, 중년층도, 장년층도, 장애인도, 노년층도, 남녀노소 할 것 없이 스마트폰을 품고 산다. 전 국민이 스마트폰에 중독돼 있는 것이다. 아니, 스마트폰의 노예가 돼버렸다는 것이 더 어울릴 것이다.

　애초에 스마트폰은 정보혁명의 기수로 등장했다. 가장 능률적인 소통수단으로, 가장 중요한 정보획득 수단으로, 그리고 가장 편리한 생활의 길잡이로 등장했다. 당연히 스마트폰은 우리의 생활패턴을 화끈하게 바꾸어 놓았다. 일하는 것도, 교육하는 것도, 금융거래도, 게임도,

스포츠도, 레저도, 여행도, 쇼핑도, 일자리 찾기까지 일상생활의 구석 구석에 파고들어 국민 생활을 확 바꾸어 놓았다.

마침내 20세기 아날로그 시대와는 전혀 다른 21세기 디지털시대의 새로운 생활풍속도가 스마트폰을 매개로 그려지고 있다. 스마트폰이 세상을 확 바꾸어 놓았다. 그러나 이러한 스마트폰이 바꾼 세상은 부작용이 속출하고 있다. 전 국민이 스마트폰에 잠식되어 가고 있다. 스마트폰 중독증이 퍼져 나가고 있다. 정서적, 정신적, 육체적 소모가 심화되고 있으며, 영혼의 황폐화를 부채질하고 있다. 전 국민이 스마트폰에 넋을 잃고 있다. 심지어 신체적 장애까지 늘어나고 있다.

스마트폰 중독증세는 예삿일이 아니다. 갈수록 스마트폰 이용시간이 늘어나고 있다. 이미 많은 사람이 스마트폰에 중독돼 있다. 자신도 너무 봐서 문제라는 것을 느끼면서도 더욱 스마트폰에 말려들고 있다. 중독증세는 금단증상을 보이게 된다. 스마트폰을 안 보면 자꾸 보고 싶고 스마트폰이 없이 나가면 불안해서 안절부절못하며, 무슨 일에도 집중을 못 한다. 이쯤 되면 스마트폰 중독증세가 심각한 단계에 달한 것이다. 당연히 정신적, 정서적, 육체적 장애가 속출하고 있다. 스마트폰에 매달려 있다. 시력이 약해져 안경 쓴 사람이 크게 늘고 있다. 거북목, 사회부적응 등 육체적, 정신적 장애를 호소하는 사람이 늘어나고 있다. 정서와 정열이 메말라 사회 분위기가 삭막해지고 있다.

특히 가장 생산적인 연령대인 청소년층이 게임, 오락, 드라마, 포르노와 같은 찰나의 향락에 빠져 미래의 일자리를 뒤로하고 스마트폰에 매몰돼 가고 있다. 마치 로마의 귀족들이 검투사의 격투를 즐기며 사치와 향락에 빠져 제국의 멸망을 재촉한 로마 문명의 말기 증상을 보는 것 같다. 이쯤 되면 지금의 스마트폰은 문명의 이기가 아니라 문명의 흉기라고 해도 되지 않겠는가. 문명의 흉기가 돼 버린 스마트폰을 다시 문명의 이기로 바꾸어 놓아야 한다.

어떻게 해야 하는가? 스마트폰의 실패를 반면교사로 활용하면 해답이 나온다. 스마트폰이 몰고 온 그 엄청난 파괴력을 반면교사로 활용하는 것이다. 즉, 스마트폰을 일자리 창출 수단으로 활용하는 것이다. 국내 스마트폰 보유 대수는 인구수와 맞먹는다. 1인당 1.2대꼴이다. 일시적 향락에 몰입돼 있는 스마트폰을 일자리 창출 수단으로 방향을 바꾸어 놓으면 폭발적인 일자리 창출 실적을 이끌어 낼 수 있다.

무엇보다 먼저 스마트폰 프로그램의 내용과 구성을 바꿔야 한다. 게임, 오락, 스포츠, 채팅, 드라마 등의 소비적 엔터테인먼트에 과하게 빠져 있는 젊은이들의 관심을 일자리 창출 쪽으로 바꾸어 놓을 만큼 내용과 구성을 전면 쇄신해야 한다. 카카오톡, 밴드, 페이스북, 블로그, 카페 등에 등장한 흥미, 향락 위주의 프로그램을 보다 유용하고, 보다 실용적이고, 보다 사용자에게 이익이 되는 국민 생활에 관련된 프로로 바꾸어 주어야 한다. 미래에 민감한 젊은이들은 자신에게 이익이 되는 프로를 만들어 공급하면 금방 공감한다. 국민 생활 속으로 깊숙이 파고 들어가 보다 유용하고, 보다 실용적이고, 보다 흥미 있게 일자리 관련 프로그램을 만들어 공급하면 금방 젊은이들의 공감을 이끌어 낼 수 있다.

또, 프로그램의 화질, 색상, 디자인 등 외양과 함께 내용을 보다 충실하게 바꾸어 주면 청년층의 관심을 끌 수 있다. 일자리 관련 프로그램을 확 바꾸면 이런 욕구를 충족시켜 줄 수 있다. 개편된 일자리 관련 프로그램에 게임, 오락, 스포츠, 채팅 요소를 가미하면 금상첨화가 된다. 일자리 프로그램 중간 중간에 간단한 게임, 오락, 채팅, 스포츠 관련 프로그램을 삽입하면서 PPL^{간접광고} 형태로 보완하면 상당한 관심을 끌 수 있다.

성별, 연령별, 교육 수준별, 지능 수준별, 직업 종류별로 구분해서 정보와 교육 과정을 각색·각본해 1대1로 각자의 취향에 맞는 맞춤 프로를 제공하면 누구나 호감을 보이게 된다. 그럼 그렇게 흥미 있고 재미 있는 맞춤복 프로그램은 누가 어떻게 만들어 내는가. 인공지능의 분석 능력을 활용하여 이미 알고 있었던 것인 양 잘 만들어 낼 수 있다. 인공지능은 사람이 만들어 낸 것이기에 사람의 명령 없이는 빈 그릇에 지나지 않는다. 그러나 인공지능은 사람이 할 수 없는 초능력을 발휘할 수 있다. 딥 러닝 알고리즘을 통해 사용자의 특성과 흥미에 따라 분류하고 이에 적합한 기존 프로그램을 찾아 분석한 뒤 필요한 요소를 적절히

배합하도록 지시하면 일자리 창출에 맞는 초능력을 발휘할 수 있다.

인간은 잘 먹고 잘살게 되면, 그리고 할 일이 없어지면 향락에 빠지는 유혹을 받게 된다. 사치 향락에 빠져가는 젊은이들에게 일자리와 연결시켜 관심을 끄는 프로그램을 가다듬어 1대1로 접근해서 맞춤 교육·훈련을 하면 방황하는 젊은이들을 달래고, 그들의 관심을 일자리 쪽으로 전환할 수 있다. 사람들은 사치 향락을 추구하는 성향이 있지만, 지금은 그것마저 식상한 상황이다. 이때 자신에게 도움이 되는 일자리 관련, 직업 관련 프로그램을 제작, 공급하면 금방 공감하고 프로그램 선택을 바꾸게 된다.

요즈음 TV 프로그램은 자녀 교육, 음식 관련 프로그램 등 자신에게 도움이 되는 실용적 생활 프로그램이 인기를 끈다. 스마트폰도 마찬가지다. 프로를 잘 개편해서 맞춤 교육과 병행하면 문명의 흉기가 된 스마트폰을 문명의 이기로 돌려놓을 수 있다. 말은 쉽지만 어떤 인간이 그런 어려운 일을 말처럼 쉽게 할 수 있겠는가. 그러나 사람이 직접 할 필요 없이 인공지능을 통해 스마트폰을 인공지능 일자리 창출에 활용하면 된다. 그런 어려운 일을 하는 것이 인공지능이라는 것은 이미 충분히 설명했다.

21세기는 스마트폰 시대, 모바일 시대다. 주입식 교육, 집단주의 교육은 먹혀들지 않는다. 창조경제 시대에 맞는 창의적 교육, 능력과 적성과 취향에 맞는 맞춤교육 프로그램을 갖고 접근해 가야 한다. 이런 어려운 일을 해내는 것이 인공지능이다.

그런데 그렇게 좋다던 창조경제는 국민으로부터 버림을 받았다. 국가의 수치이고 국민의 수치이다. 또한, 창조경제와 일자리 창출을 국정 아젠다로 제시한 박근혜의 큰 실정으로 기록한다. 실정이라고 한 것은 그 좋은 창조경제를 제시해 놓고 죽을 쑤고 있는데도 방치했기 때문이다. 창조경제를 죽이니까 일자리가 줄고 성장률이 추락했다. 2% 성장은 국민에게 고통을 주는 수준이다. 창조경제를 한다면서 국민에게 고통을 주고 살기 힘들게 만드니까 국민이 외면하고 있는 것이다. 세상은 모바일·스마트폰 시대로 가고 있는데 관료의 생각, 지도자의 사고는 아날로그 시대, 계산기 시대에 머물러 있다. 관료주의, 권위주의가 스마트폰이 세상을 바꿔 놓을 수 있다는 것도 모르면서 잘 알지도 못하는 창조경제를 한다고 떠들기만 했다.

왜 그렇게 됐는가? 생각을 바꾸지 못했기 때문이다. 생각을 바꾸지 못한 것은 머리가 권위주의에서 벗어나지 못했기 때문이다.

디지털시대가 오면서 세상이 확 달라졌다. 스마트폰 시대, 개인주의 시대, 다원화, 다양화, 맞춤복 시대…. 별의별 시대가 다 붙으며 세상이 너무 달라졌다. 스마트폰이 세상을 바꾸어 놓았다. 달라진 세상에 맞추어 일자리 창출 방법도 달라져야 한다. 일자리 발굴, 교육, 훈련, 취업, 창업까지 몽땅 달라져야 한다. 그런데도 관료주의와 규제주의와 권위주의는 세상이 달라진 것도 모르고 아직도 아날로그 시대를 살고 있다.

일자리혁명은 모바일, 스마트폰 없이는 성공할 수 없다. 역으로 스마트폰 역시 일자리혁명을 할 수 있어야 문명의 흥기에서 이기로 돌아올 수 있다. 일자리혁명의 원동력이 방통융합이고 인공지능 일자리 창출이 일자리혁명의 핵심이다.

일자리 창출 방법과 내용, 그리고 일자리 창출 콘텐츠를 바꾸는 것이 방통융합 일자리 창출의 기본 모델이다. 인공지능 일자리 창출 콘텐츠는 일자리 창출 전 과정을 1대1 맞춤교육 방식으로 추진한다. 일자리방송의 JOB 포탈에서 일자리 발굴, 홍보, 리크루트, 인·적성검사, 멘토링·컨설팅, 맞춤교육·맞춤훈련, 맞춤취업·맞춤창업, 사후관리까지 8단계 일자리 창출 전 과정을 능률화·시스템화한다. 인공지능 일자리 창출 콘텐츠는 일자리 창출 비용을 2~5분의 1로 절감하며 성과 실적을 10~20배씩 끌어올릴 수 있다.

인공지능은 일자리 창출 전 과정을 프로그램화, 메뉴얼화, 네트워크화 해서 일할 수 있는 의욕을 가진 국민 모두에게 능력과 적성에 맞는 일자리를 찾아줄 수 있다. 전 국민의 100%를 좋은 일자리에 취업시키고 일자리 천국을 만들어 가는 것이 일자리혁명의 최종목표다.

일자리는 기본적으로 생업의 수단이다. 모든 경제적 문제를 해결하는 수단이 된다. 개인의 소득을 창출하고 소비를 하여 재화가 순환되게 하고, 다시 소득을 분배하고, 성장하고, 생계안정·생활안정을 가져온다. 지금까지는 투자하고 성장하면 일자리가 절로 만들어졌다. 또, 정부는 일자리 창출을 지원하기 위해 금리를 내리고 국가예산과 은행 자금을 풀고 각종 지원정책을 펴 왔다. 또, 내일 배움 카드제를 비롯해 각종 일자리 교육 정책을 지원하고 있다. 그래도 모자라 각종 고용 지원금, 일자리 나누기, 노동시간 단축, 시·군·구 등 각급 행정기관의 일자리 센터, 그리고 제2의 한강의 기적, 제2의 새마을 운동, 제2의 중동 붐 등 각종 캠페인을 벌여 왔다.

그러나 일자리는 좀처럼 늘지 않는다. 일자리가 늘지 않으니 성장률은 떨어지고 빈부격차는 심화되고, 정치·사회 불안은 증폭된다. 기존 정책은 하나도 쓸모없게 됐다. 어떻게 해야 할까? 사람을 불러 모아 주입식 교육을 하는 기존의 일자리 창출 방식은 구시대의 유물이 돼 버렸다. 누군가가 먼저 일자리 있는 곳을 찾아내서, 그리고 취업·창업 희망자를 찾아가서 1대1로 적성과 능력에 맞는 맞춤 교육을 해서 일자리를 찾아주는 것이다. 스마트폰이 이런 일을 담당할 것이다. 그럼 이 과정에서 발견한 수천만 명, 수억 명에 달하는 취업 희망자에게 1대1 맞춤 교육은 누가 어떻게 하는가. 이것을 인공지능이 담당하게 해야 한다.

이런 혁명적인 일자리 창출 방법이 인공지능 일자리 창출 콘텐츠다.

인공지능이 방통융합 콘텐츠를 활용, 일자리 창출 전 과정을 체계적이고 과학적으로 프로그램화, 메뉴얼화 하고 네트워크화해서 널리 보급할 수 있도록 하는 것이다. 이런 인공지능 활용 방통융합 콘텐츠가 국민 생활 속으로 파고 들어가 일자리를 만들어 내고, 1대1 맞춤 교육 방식으로 취업·창업을 촉진할 수 있는 최적의 채널이 모바일 스마트폰이다.

일자리 창출을 위한 교육·훈련, 취업·창업대상은 일할 수 있는 의욕과 능력이 있는 전 국민이다. JBS 일자리방송은 인공지능 활용 방통융합 일자리 창출 콘텐츠를 개발해서 제4차 일자리혁명을 스타트업 하려 한다. 제4차 일자리혁명의 최종 목표는 모든 국민에게 그들이 원하는 일자리를 발굴해서 교육, 훈련시켜 새 일자리, 새 보금자리를 찾아주는 것이다.

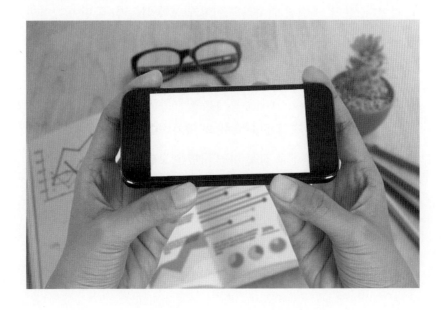

11

정치도 경제도 일자리 창출도 리더십이다

　정치란 무엇인가? 나라를 다스리는 일, 즉 국민을 잘 먹고 잘살게 하는 것이다. 잘 먹고 잘살게 하려면 어떻게 해야 하는가? 국민이 각자의 적성에 맞고 능력을 최대한 끌어낼 수 있는 일자리를 만들어 주어야 한다. 정치를 잘못 하면 일자리를 만들어 줄 수 없다. 그것은 폭정이다.

　경제란 무엇인가? 경세제민經世濟民의 약자다. 즉, 국민을 잘 먹고 잘살게 하는 것이다. 경제를 잘못 하면 국민은 도탄에 빠진다. 정치와 비슷하다.

　그래서 정치와 경제는 톱니바퀴처럼 맞물려 돌아간다. 정치가 먼저인가, 경제가 먼저인가? 그러나 정답이 없다. 아니, 둘 다 정답이다. 정치가 흔들리면 경제가 흔들린다. 마르크스는 경제가 먼저라고 했다. 경제 위기는 정치위기를 불러오기 때문이다. 그러나 나는 주저 않고 정치가 먼저라고 말하고 싶다. 정치를 잘하면 경제는 자연히 번영한다.

물론 예외는 있다. 제1차 산업혁명시대의 영국 왕 조지 3세$^{1760~1820}$는 국내가 한창 시끌벅적했는데도 내정은 내팽개치고 미국 식민지경략^{經略}에 몰두했다. 정치적으로는 큰 실정을 한 것이다. 그러나 그의 실정으로 인해 세계사에 길이 남을 두 개의 위대한 혁명이 일어났다. 정책적으로는 헛발질을 한 것인데 헛발질이 명중한 것이다. 조지 3세의 실정이 대외적으로는 미국의 독립을 가져왔다. 대내적으로는 제1차 산업혁명을 몰고 왔다.

그럼 국민을 잘 먹고 잘살게 하려면 어떻게 해야 하는가? 일자리를 많이 만들어 내야 한다. 이 말은 필자가 멋대로 만들어 낸 것이 아니다. 경제학의 아버지라는 애덤 스미스가 만들어 낸 말이다. 애덤 스미스는 좋은 일자리를 많이 만들어 내면, 국민은 자연히 잘 먹고 잘살게 된다고 말했다. 또한 이는 세계 경제사가 증명한 일이다.

애덤 스미스의 유명한 『국부론』은 좋은 일자리를 많이 만들어 내는 방법에 관해 기술했다. 그는 좋은 일자리를 많이 만들어 내려면 정부가 참견하지 말고 자유방임하라고 했다. 세계 정치, 세계 경제가 그 권고를 따랐다. 그로부터 150년, 세계 경제는 번영을 누렸다.

그러나 21세기 들어 세상이 확 달라졌다. 대공황이 왔다. 일자리가 감쪽같이 사라졌다. 실업의 홍수가 일어났다. 정부가 손 놓고 있을 수가 없게 됐다. 불가불 정부가 개입해서 일자리를 만들어 내지 않을 수 없게 됐다. 미국의 루스벨트가 맨 먼저 큰 정부를 만들어냈다. 금방 후유증이 나타났다. 미국이 망할 뻔했다. 후임 트루먼 대통령이 후버위원회를 만들어 큰 정부를 줄이고 어렵게 수습했다.

정부가 개입하여 일자리를 만들어내자 더 커다란 후유증이 들이닥쳤다. 그럼 무엇으로 어떻게 좋은 일자리를 만들어 내는가? 세계 경제사는 지도자의 리더십이 일자리를 만들어냈다고 가르치고 있다.

비단 조지 3세의 자유방임주의뿐만이 아니다. 20세기를 빛낸 걸출한 정치 지도자들, 미국의 루스벨트, 클린턴, 오바마, 한국의 박정희, 김대중IMF 외환위기 극복, 중국의 덩샤오핑, 일본의 이케다, 영국의 대처, 아일랜드의 메리 로빈슨, 독일의 메르켈까지…. 모두 지도자가 앞장서서 좋은 일자리를 많이 만들어 내 역사 속에 우뚝 선 탁월한 리더십의 소유자들이다.

일자리는 정치적 위기·경제 위기를 푸는 열쇠다. 일자리는 경세제민의 핵심이다. 경세제민의 핵심인 일자리문제를 푸는 것이 리더십이다. 미국의 루스벨트 대통령은 뉴딜정책으로 일자리문제실업를 해결하고 대공황을 극복했다. 박정희, 덩샤오핑, 대처, 메리 로빈슨, 클린턴, 김대중, 메르켈 모두 제 나름의 특징적인 리더십으로 좋은 일자리를 많이 만들어 경제 위기를 극복했다. 그리고 국민을 잘 먹고 잘살게 만들었다.

도대체 리더십이 무엇이기에 그럴까? 리더십이란 집단을 이끌어가는 지도자의 능력이다. 리더십은 시대에 따라, 환경에 따라 달라질 수 있다. 권위주의 리더십, 민주적인 리더십, 카리스마적 리더십…. 핵심은 지도자대통령가 고뇌苦惱를 할 줄 알아야 한다는 것이다. 지도자가 고뇌를 하지 않고 어떻게 억조창생億兆蒼生을 구제해내겠다는 말인가?

지도자는 특히 인사를 잘해야 한다. 고뇌, 언행일치, 솔선수범은 필수다. 필수적인 덕목을 갖추지 못하면 폭정이 된다. 폭정은 공포정치나 독재정치와는 또 다른 것이다. 국민을 무력으로 억압하지 않더라도 살기 힘들게 만드는 것이 바로 폭정이다.

리더십은 시대에 따라 달라져야 한다. 20세기까지는 권위주의 리더십, 카리스마 리더십이 통했다. 그러나 21세기 디지털시대에는 구석기시대의 유물이 되었다.

제4차 산업혁명론을 제기한 클라우스 슈밥다보스포럼 회장은 정치, 경제, 사회체제 전반에 걸쳐 새로운 시대를 여는 새로운 리더십이 필요하다고 지적했다. 당연히 제4차 일자리혁명을 완수하는 데 지도자의 새로운 리더십이 핵심 요소로 떠오른다. 제4차 산업혁명시대에는 제4차 일자리혁명을 하는 리더십이 필요하다.

세계 지도를 놓고 세계 역사를 살펴보자. 새 시대, 즉 21세기, 디지털시대, 제4차 산업혁명시대, 제4차 일자리혁명시대에 이름을 남긴 지도자들은 모두 일자리 창출에 성공해 국민을 잘 먹고 잘살게 한 리더십의 소유자들이다.

루스벨트, 박정희, 덩샤오핑은 2차 일자리혁명시대에 성공한 사람들이니까 일단 과거의 인물로 접어두기로 하자. 메리 로빈슨^{아일랜드}, 빌 클린턴^{미국}, 김대중^{한국}, 메르켈^{독일}, 오바마 등은 3·4차 산업혁명을 이끌어낸 걸출한 민주적 리더십의 소유자들이다. 한국의 박근혜는 창조경제와 일자리 창출이라는 기막힌 슬로건을 내걸고 가장 화려하게 데뷔했으나, 리더십의 빈곤으로 인해 실패한 지도자로 추락하고 말았다.

리더십1—성공과 실패 사례: 메리 로빈슨과 박근혜

제4차 일자리혁명시대에 리더십의 차이가 극명하게 대비되고 있는 케이스가 아일랜드의 메리 로빈슨과 한국의 박근혜이다.

아일랜드와 한국은 비슷한 역사적 배경 속에서 식민통치의 핍박과

설움을 겪고, 재기를 위해 몸부림치고 있는 나라다. 아일랜드는 영국에, 한국은 일본의 식민통치 속에서 신음했다. 아일랜드인은 아이리시, 한국인은 조센징이라 불리었다. 멸시하는 호칭이었다. 두 나라 사람 모두 일자리를 찾아서 외국, 특히 미국으로 대량 이민의 길에 나섰다. 국민의 자질이 우수해서 아일랜드계는 케네디, 레이건, 클린턴 같은 유명한 대통령을 배출했다. 이민의 역사는 짧지만, 한국계도 열심히 일해서 이국땅에서 잘 먹고 잘사는 편이다.

두 나라 사람 모두 머리가 좋고 열심히 일한다. 디지털시대, ICT 시대, SNS 시대에 발군의 능력을 과시하고 있다. 2차 산업이 빈약한 아일랜드는 4차 일자리혁명의 핵심 산업인 ICT, 사물인터넷IoT : Internet of Things, 클라우드 서비스, 데이터센서, 바이오의학, 융·복합 산업으로 개편돼 가고 있다.

한국은 김대중 정부 때 ICT, 소프트웨어, 벤처산업의 강국으로 발돋움하면서 세계의 주목을 받았으나 금융··재벌기업 등 기득권 세력의 저항으로 주춤한 상태에 있다. 그러나 ICT 벤처산업의 핵심요소인 문자수한글 글자 수가 적어 새 산업의 개발 유연성이 높고 손재주가 우수하기 때문에 여전히 4차 산업혁명시대의 유망주로 꼽히고 있다. 큰 정부로 일자리를 창출하겠다는 공약만 없으면 희망이 넘쳐흐른다.

특히, 한국은 제4차 일자리혁명의 종주국이다. 4차 산업혁명시대의 앞길은 탄탄대로다. 두 나라가 모두 여성 대통령이 등장해서 세상을 바꾸어 놓으려고 한 공통점이 있다. 아일랜드 최초의 여성대통령, 메리 로빈슨은 성공했다. 그러나 한국 최초의 여성대통령, 박근혜는 실패했다. 성공과 실패를 결정지은 것이 바로 리더십의 차이였다.

역시 한국의 가장 큰 취약점은 새 시대의 정치·경제·산업부문을 이끌어갈 새로운 정치 리더십의 부재였다. 1990년 11월 8일, 유럽의 외톨이 아일랜드에서는 최초의 여성대통령 메리 로빈슨이 탄생했다. 당시 아일랜드의 정치 체제는 내각 책임제였다. 내각 책임제 하의 대통령은 별 볼 일 없는 자리였다. 별 볼 일 없는 대통령 자리였지만, 그녀의 취임 성명은 무척 당돌했다. 제1성은 "우리도 함께 바꿔 봅시다." 제2성은 "저와 함께 아일랜드에서 춤을 춥시다." 제3성은 "아일랜드를 세계에서 가장 살기 좋은 나라로 만들겠다."였다.

힘없는 내각제 대통령은 맨 먼저, 공약대로 "함께 바꿔봅시다"에 뛰어들었다. 유럽의 외톨이 아일랜드는 1987년, 제1차 사회적 협약을 체결했으나 실천이 지지부진했다. 사회적 합의의 핵심은 노동조합이 임금 인상을 자제하는 대가로 정부의 정책 결정 과정에 참여해서 사회적 안전망을 강화하는 정치적 거래였다. 메리 로빈슨 대통령은 개별 노조가 전국적 임금협상 타결 수준 이상으로 임금 인상 요구를 못 하도록 하는 데 합의를 이끌어냈다.

두 번째, "저와 함께 춤을 춥시다." 노조가 정책 결정 과정에 적극 참여케 하고 국민과의 소통을 원활하게 했다.

세 번째, "세계에서 가장 살기 좋은 나라를 만들겠다."라는 공약을 지키기 위해 외국자본 도입을 완전 자유화하고 법인세를 세계에서 가장 낮은 12.5%로 낮추어 기업의 사업 시도를 활성화했다. 그리고 인사를 잘했다.

이러한 평범하면서도 파격적인 개혁 정책에 따라 아일랜드는 로빈슨 대통령의 재임 7년간 연평균 9.9%의 폭풍 같은 성장을 기록했다. 취임 때의 1인당 GDP는 1만 5천 달러 선으로, 유럽에서 가장 낮은 수준이었으나, 퇴임 때는 3만 5천 달러로 영국을 앞질렀다. 지금은 6만 달러 수준으로, 벨기에, 프랑스, 독일을 앞선 유럽의 최고 수준이다.

로빈슨의 경제 살리기 정책은 자연스럽게 일자리 창출 정책에 초점이 맞추어졌다. 사회적 합의에 의해 임금 인상을 억제하고, 대외개방 정책을 통해 외자도입 문호를 개방하고, 법인세율을 낮추어 외국인 투자를 촉진했다. 그런데 아일랜드는 토지가 척박해서 1차 산업 불모지대에다 2차 산업은 유럽의 이웃나라와 경쟁이 안 돼서 역시 불모지대로 방치돼 있었다.

아일랜드는 ①사회적 파트너십을 토대로 유럽연합EU에 가입하고,

②공격적인 인센티브를 동원해서 외자 유치에 집중하고, ③대통령의 전공인 교육정책을 통해 젊고 유능한 노동력을 확보한 후, ④3·4차 산업에 집중했다. 특히 정보기술^{IT}, 엔지니어링, 제약의료기기, 줄기세포, 헬스 케어, 클라우드 서비스, 데이터센서, 과학전문가, 프로그래머, 금융전문가 등 창조경제 관련 기업들이 몰려들었다.

구글, 페이스북, 마이크로소프트, 애플 등 실리콘밸리 대표기업들이 아일랜드에 유럽본부를 두었다. 구글 유럽본부는 사업 확장을 계속해 2004년, 더블린 사무소 개설 당시 직원 수는 50명에 불과했으나 지금은 2,500명으로 늘어났다.

로빈슨 대통령은 1990년 51.9%의 득표율로 대통령에 당선됐다. 1997년 퇴임 때는 지지율이 93%에 달했다. 그래서 종신 대통령 추대 움직임이 있었다. 그러나 그는 사양하고 다시 교육의 길로 들어갔다. 로빈슨 대통령의 치적은 퇴임 후에도 이어졌다. 퇴임 이후에도 경제성장률은 연 6~9%에 달했다. 마침내 아일랜드는 2007년, 완전고용의 축배를 들었다.

바로 그때, 2008년 9.15 뉴욕발 금융위기가 터졌다. 외채가 많은 아일랜드는 영국 등과 함께 IMF의 구제 금융을 받게 됐다. 아일랜드 경제는 다시 위기를 맞았다. 2009~2014년 사이 33만 명이 해외 일자리를 찾아 아일랜드를 떠났다.

그러나 메리 로빈슨의 정책을 이어받아 아일랜드는 다시 일어섰다. 한때는 주당 1,000개씩 새 일자리를 만들어냈다. 더블린 공항에는 글로벌 4대 회계법인 KPMG, 프라이스 워터 하우스&쿠퍼스PWC, 딜로이트, 언스트 앤 영EY 등이 구인 광고판을 설치해놓고 있다. 1인당 GDP는 6만 달러 선에 이르렀다. 유럽의 외톨이가 유럽 최고의 부자나라로 떠오르는 순간이었다.

한편, 박근혜는 이 시대 최고의 경제 살리기 모델인 창조경제와 일자리 창출 모델을 제시했다. 그러나 실패했다. 실패한 이유는 간단하다. 말과 행동이 일치하지 않는, 나 홀로 독불장군식 권위주의적 리더십이 실패를 자초한 것이다.

요즈음 한국정치·경제상황은 4.19 때를 방불케 한다. 4.19 시기, 이승만의 리더십 부재로 정치도 경제도 큰 혼란에 빠졌다. 특히 이승만은 인사의 등신이라 불릴 정도로 인사를 못했다. 그는 이기붕을 후계자로 삼고 실권을 넘겨주었다. 잘할 턱이 없었다. 야당에서는 "못 살겠다. 갈아 보자"가 터져 나왔다. 이 대통령은 하야하고, 집권 능력이 없는 민주당 정권이 들어섰다. 그러나 역시 리더십 부재로 혼란을 거듭하다 박정희가 이끄는 쿠데타 세력에게 정권을 빼앗겼다.

이 시대 최고의 경제 살리기 모델인 창조경제와 일자리 창출을 국정 아젠다로 내걸고 혜성처럼 나타난 한국 최초의 여성 대통령, 박근혜. 그러나 리더십의 부재로 최고의 경제 살리기 모델을 엉망으로 만들어 버리고 최순실 게이트에 연루되어 가장 불명예스럽게 퇴장하는 정치인이 되었다. 그러나 후속편이 더욱 관심거리이다. 대통령 후보군의 선두 주자가 큰 정부 일자리 정책을 내세우고 있기 때문이다. 큰 정부 일자리 정책을 시도한 나라는 모두가 예외 없이 다 몰락의 길을 걸었기에 우려하는 마음을 감출 수 없다. 앞이 보이지 않는다.

리더십2—성공과 실패 사례 : 박정희 Vs 김대중 Vs 박근혜

4.19 전야, 미국의 전후 복구 원조에도 불구하고 자유당 정권의 폭정으로 경제가 망가져 버렸다. 경제가 망가지니 정치 쪽에서 "못 살겠다 갈아 보자"가 터져 나왔다. 4.19 학생 의거로 이승만 대통령이 하야했다. 자유당 정권이 무너지고 민주당 정권이 들어섰다. 그러나 새로 들어선 민주당 정권 역시 무능해 정치도, 경제도 살리지 못하고 정쟁으로 허구한 날을 지새웠다. 경제는 파탄지경에 이르렀고, 마침내 5.16 군사 쿠데타가 일어났다. 지금의 한국 정치·경제 환경이 4.19 때와 비슷하다.

군사혁명 구호는 놀랍게도 "절망과 기아선상에서 허덕이는 민생고를 시급히 해결하겠다."였다. 군사혁명을 주도한 박정희는 혁명 공약을 약속대로 실천해 보였다. 1961년 400만 달러에 불과했던 수출은 64년엔 1억 달러를 돌파했다. 1977년엔 100억 달러를 넘어섰다. 1인당

GDP는 달랑 70달러에서 1,800달러로 껑충 뛰어올랐다. 산업구조는 1, 2차 산업혁명을 거쳐 3차 산업혁명을 넘보게 됐다.

박정희 집권 18년간 이룩한 경제성장 기록은 영국 경제 180년 동안 이룩한 실적과 맞먹은 것이었다. 이것이 소위 한강의 기적이었다. 20세기 들어 많은 쿠데타가 일어났지만, 군사 쿠데타가 경제 개발에 성공한 것은 처음 있는 일이었다. 또, 한강의 기적은 저개발국의 새로운 개발 모델을 제시한 것이었다. 특히 그는 모든 국민에게 하면 된다는 Can Do Spirit을 심어주었다.

이런 얘기를 하면 쿠데타를 일으킨 독재자를 미화한 것 아니냐고 반문할 수도 있을 것이다. 그 말도 맞다. 그러나 박정희의 개발독재는 가장 성공적인 개발독재였다는 점을 부정할 수는 없다. 박정희의 개발독재가 성공했기 때문에 국민은 잘 먹고 잘사는 기반을 마련하게 됐고, 역설적으로 민주화가 이루어져 억압받던 김대중이 대통령이 되어 사라져가는 한강의 기적을 다시 살려낸 것이다.

박정희의 퇴장 이후에도 한국 경제는 그가 깔아놓은 노하우 인프라를 토대로 다시 18년간 고도성장을 계속했다. 그러나 자유화, 개방, OECD 가입 등의 일을 무리하게 벌이다 IMF 외환위기를 맞게 됐다.

IMF 외환위기와 함께 한국 경제는 풍전등화風前燈火가 됐다. 살인적인 고금리, 고환율에 외환보유고가 고갈되고, 주가는 폭락해 성장률은 -6.7%로 떨어졌다[1998년]. 그보다도 기업의 집단 도산이 이어졌다. 30대 기업 집단 중 절반 이상의 주인이 바뀌었다. 바야흐로 박정희 18년 동안 모질게 독재하면서 일구어 놓은 한강의 기적이 사라져가고 있었다.

이때 박정희의 18년 집권 기간에 정적으로 활약하던 김대중이 1997년 대선에 대통령에 당선되어 구원투수로 등판했다. 그의 위기관리 정책은 실로 엄청난 것이었다. 그는 트레이드 마크였던 대중경제를 버리고, 민주주의와 시장경제로 간판을 바꾸어 달았다. 대통령 후보 때부터 살인적인 고금리, 고환율 정책에 제동을 걸었다. 기업·금융·공공·노동 등 4대 개혁을 서둘렀다. 대기업의 M&A를 상징하는 빅딜 정책을 추진했다. 특히 미국 클린턴 대통령의 핵심 경제 살리기 정책인 ICT 벤처 산업 육성 정책과 생산적 복지 정책을 도입했다. 한국은 금방 IT 강국으로 떠올랐다.

특히, 공적 자금 165조 원을 투입해서 쓰러져 가는 금융 및 기업 살리기에 나섰다. 규제혁파에 나섰다. 작은 정부 만들기에도 공을 들였다. 김대중 대통령은 온갖 잡음에 귀를 막고 공적 자금 투입을 강행했다. 당시 야당에서는 난리가 났다. 당시 한나라당 제3정조위원장을 하던 이 모 씨는 투입된 공적자금 165조 원 중 10%도 건질 수 없다며 달려들었다. 김대중 자신도 35% 정도 건질 것이라고 내다봤다. 필자는 65%는 건질 것이라고 했다. 실제는 이미 80% 이상 회수했다. 금융기관

대기업 등에 잠겨있는 자산 가치를 감안하면 이미 200%가량 회수했다고 봐야 한다.

규제 개혁도 소리 소문 없이 해냈다. 당시 규제 건수 10,500건을 5,200건으로 줄였다. 그것이 노무현, 이명박 때 크게 늘어 지금은 15,000건을 넘는 상태이다. 박근혜는 7시간 넘게 규제 개혁 회의를 직접 주재하면서 규제혁파를 시도했지만, 몇 건 줄였다는 얘기가 나오지 않고 있다. 김 대통령은 세계적 추세인 작은 정부를 실현하기 위해 명예퇴직 제도를 도입하는 등 개혁 정책을 서둘러 공무원 19,500명을 감원했다. 대한민국 정부 수립 이래 처음 있는 일이었다.

가장 아쉬운 것은 ICT 벤처 산업 육성 정책과 생산적 복지정책 등 창조경제 일자리 창출 정책을 도입, 위기 극복에 큰 기여를 했으나, 당시 야당한나라당과 관료주의, 금융과 대기업 등 기득권층의 저항으로 맥을 잇지 못하고 화끈하게 매듭짓지 못한 것이 가장 큰 아쉬움으로 남는다.

아무튼 김대중 대통령은 취임 1년 6개월 만에 IMF를 졸업, 외환위기를 극복하고 98년도 -6.7% 성장에도 불구하고 재임 5년간 평균 성장률 5.0%를 일구어냈다. 그리고 한강 물줄기 속에 수장될 뻔했던 한강의 기적을 가까스로 살려냈다. 김 대통령의 리더십이 일구어냈다고밖에 설명할 수 없게 됐다.

그는 수많은 개혁·혁신정책의 성과에 힘입어 퇴임 때 말도 많고 탈도 많은 청와대 정문을 무사히 통과할 수 있었다. 이전 청와대는 일제 총독부 시절부터 들어갈 때는 화려하게 입성했으나 나올 때는 모두 초라한 모습이 되어버리는 곳이었다.

김대중 대통령이 어렵게 다시 살려놓은 한강의 기적은 그 후 노무현, 이명박의 잇따른 실정으로 다시 기울기 시작했다. 특히 2008년 9월 15일, 뉴욕발 금융위기가 터졌다. 한국 경제는 재기불능상태가 됐다.

바로 그때, 2012년 대선에서 박근혜 새누리당 후보가 18대 대통령에 당선됐다. 그는 취임에 앞서 새 정부의 국정 아젠다로 창조경제와 일자리 창출을 제시했다. 그리고 창조경제와 일자리 창출 정책을 실현하기 위해 수많은 실행 정책을 제시했다.

미래부를 만들라, 칸막이 행정을 타파하라, 관료주의를 타파하라, 규제를 혁파하라, 비정상을 정상화하라, 고용률을 70%로 올려라, 성장률을 4%로 높여라, 금융개혁을 하라, 국가개조를 해야 한다…. 숨 가쁘게 토해내는 개혁 정책을 보고 흥분해서 가벼운 현기증을 느낄 정도였다.

창조경제와 일자리 창출은 이 시대 최고의 경제 살리기 모델이다. 전천후 유비쿼터스 일자리 창출 모델을 완성한 나는 금방 창조경제 일자리 창출을 외쳤다. 창조경제의 원조인 조지프 슘페터의 Entrepreneur

Ship, Creative Destruction, Innovation을 재음미하면서 창조경제와 일자리 창출이야말로 내가 주장해 오던 일자리혁명의 핵심콘텐츠라고 재확인했다.

경제에 대한 전문지식이 없는 박근혜가 창조경제와 일자리 창출을 제시한 것은 하늘의 계시라고 생각했다. 그러나 대통령이 제시한 그 많은 창조경제와 일자리 창출 정책은 하나도 실현되지 않았다. 창조경제는 금방 하늘의 저주로 변했다.

큰 착각을 한 것이었다. 대통령은 창조경제와 일자리 창출을 하라고 미래부를 만들었으나 우여곡절 끝에 태어난 미래부는 창조경제와 일자리 창출을 할 수 없는 창조경제 유령 부처의 모습으로 나타났다.

정부 조직법은 미래부가 창조경제와 일자리 창출을 하는 부서가 아니라, 창조과학과 과학인력을 양성하는 부처라고 못 박았다. 법 시행령 한구석에 창조경제 기획국을 두고 있으나, 실무 집행업무는 하지 못하게 하고 기획업무만 하도록 규정했다. 그나마 일자리 창출 업무는 미래부에서 추방해 버렸다. 창조경제 일자리 창출을 하라고 미래부를 만들어 놓고 창조경제와 일자리 창출 업무를 할 수 있는 근거를 없애 버린 것이다.

도무지 앞뒤가 맞지 않는 해괴한 법을 만들어 놓았다. 대통령은 창조경제를 할 수 없게 만들어진 법에 사인해 놓고는 창조경제 하라고 재촉하고 있었다. 이건 리더십 부재의 극치다.

당연한 결과로 규제를 혁파하라, 관료주의를 척결하라, 비정상을 정상화하라…. 대통령이 지시한 창조경제 실행 정책은 단 하나도 실현되지 않았다. 경제가 잘될 턱이 없었다. 마침내 창조경제의 축복은 창조경제의 저주로 바뀌어 버렸다.

대통령은 대안으로 사이버공간에 창조경제 타운을 만들어 미래부 산하 연구기관에 운영을 맡기고 창조경제 혁신센터를 만들어 전경련에 맡겼다. 정부와 대기업은 안 된다는 창조경제의 금기를 범한 것이다. 안 되는 일만 골라서 한 것이니 잘될 리 없었다. 창조경제는 형해形骸화 돼버렸다. 마침내 창조경제는 대통령이 외국에 나가서 의례적으로 해 보는 레토릭rhetoric이 돼 버렸다. 국내에서는 문화융성사업이라는 이상한 이름을 붙여 기업만 괴롭히는 무당의 굿판으로 희화화됐다.

창조경제를 잘했으면 우리 경제는 연간 150만 개의 좋은 신규 일자리를 만들어 5~6%의 성장률을 기록할 수도 있었다. 그러나 창조경제가 벼락을 맞는 바람에 연간 일자리 창출 순증 규모는 40만 개 내외, 그리고 경제 성장률은 2% 수준으로 떨어졌다. 리더십의 부재로 먼저 정치가 흔들리고, 뒤이어 경제가 위기로 치닫고 있는 것이다.

정치가 요동치면 경제도 크게 흔들리는 법이다. 올해 일자리 창출 순증규모는 박근혜 정부의 4년간 평균치인 연간 40만 개 수준보다도 크게 떨어지고, 경제 성장률은 0% 수준까지 추락할 수도 있다. 한국 경제는 20년 전 IMF 위기에 버금가는 위기를 맞게 될 것으로 전망된다.

　55년 전 박정희가 쿠데타에 성공해서 18년간 공들여 일구어낸 한강의 기적, 그 후 18년 만에 김영삼 대통령의 리더십 빈곤으로 IMF 외환위기를 맞아 흔적도 없이 사라지려 할 때 박정희의 정치적 라이벌이었던 김대중 대통령이 기적적으로 회생시켰다. IMF 외환위기 이후 다시 18년이 지났다. 그동안 늘 리더십 부재로 시름시름 하던 한국 경제는 박정희의 딸 박근혜의 리더십 부재와 정치적 폭정으로 다시 휘청거리고 있다. 박근혜의 실패는 이승만처럼 인사 실패가 불러온 대재앙이다. 2016년 4월 총선에서 문제투성이인 이 모 씨를 공천 심사위원장을 시켜 총선을 망쳐버린 것이 오늘의 비극을 불러왔다. 이 아무개를 공천 심사위원장에 기용한 것은 이승만 대통령이 이기붕을 후계자로 지목한 것에 비유된다. 20세기 권위주의 리더십을 고집한 데서 비롯된 것이다.

　대안은 있다. 다만 정치적 리더십의 부활을 기대할 수는 없다. 경제, 산업, 일자리 창출 리더십으로 경제 위기를 극복해야 한다. 경제 위기를 극복하면 정치위기도 슬그머니 자취를 감추게 된다.

한국은 제4차 일자리혁명의 종주국이다. 바야흐로 제4차 일자리혁명이 태동하고 있다. 그 핵심이 인공지능 일자리 창출이다. 인공지능 일자리혁명만이 위기의 한국 경제를 살려낼 수 있는 유일한 출구다. 이번 5·9 대통령 선거는 일자리혁명에 성공할 수 있는 사람을 대통령으로 뽑아야 한다.

12

일자리가 경제다 인사가 만사다

일자리가 곧 경제다. 산업혁명과 더불어 일자리는 직업의 개념으로 새롭게 태어났다. 그 후 150년 동안 시장이 일자리를 만들어 냈다.

20세기는 정부가 일자리를 만들어 경제 위기를 극복했다. 이때 세계 경제는 일자리 창출 과정에서 4명의 걸출한 지도자를 배출해냈다. 미국의 루스벨트뉴딜정책 서독의 에르하르트라인 강의 기적, 한국의 박정희한강의 기적 중국의 덩샤오핑흑묘백묘론, 실용정책이 그들이다. 에르하르트는 박정희에게, 박정희는 덩샤오핑에게 비결을 전수했다. 그중에서도 박정희의 한강의 기적이 가장 드라마틱한 것이었다.

이때 루스벨트와 에르하르트는 실업자 신세가 된 노동자를 산업현장으로 이끌어 냈다. 박정희와 덩샤오핑은 영국의 산업혁명 때처럼 농촌 인구를 산업현장으로 이끌어내는 일자리 창출 정책을 썼다.

21세기 들어 세상이 확 바뀌었다. 거품 경제 시대, 고용 없는 성장 시대, 디지털 시대가 왔다. 일자리 시장도 크게 달라졌다. 종래처럼 정부가 돈을 풀어 일자리를 만들어 내는 정책양적 완화 정책은 쓸모없게 됐다. 새로운 일자리 창출 방식이 제시돼야 할 차례가 됐다.

이때 한국의 박근혜가 창조경제와 일자리 창출 정책을 새 정부의 국정 아젠다로 제시했다. 창조경제 일자리 창출 정책으로 제2의 한강의 기적을 일구어내겠다고 외쳤다. 그는 내친김에 창조경제 실행 정책까지 소상하게 제시했다. 칸막이 행정 타파, 관료주의 척결, 규제혁파, 금융개혁, 국가개조까지 창조경제를 하는 데 꼭 필요한 최고의 정책을 총망라해 내놓았다. 그러나 하나도 실천되지 않았다. 최고의 경제 살리기 정책이 최악의 실패작이 돼 버렸다. 국민은 실망했다. 피곤해졌다.

창조경제 일자리 정책은 형해形骸화 돼 버렸다. 대통령은 슬그머니 창조경제 타운과 창조경제 혁신센터 쪽으로 방향을 바꾸어 버렸다. 그러나 창조경제 정책의 방향 전환은 창조경제의 금기를 범한 것이었다. 창조경제의 원조, 조지프 슘페터는 100년 전에 이미 정부, 관료주의와 대기업은 창조경제와 상극이라고 단언했다. 정부는 관료주의와 규제, 간섭으로 창조경제 타운의 숨통을 조였다. 대기업은 혁신센터를 외면했다. 창조경제 타운과 혁신센터는 태어날 때부터 성공할 수 없게 돼 있었다.

이때 JBS 일자리방송은 죽어가는 창조경제 일자리 창출 정책을 살려낼 수 있는 창조경제 일자리 창출 국민 생활화 플랜을 제시했다. 보고 듣고 말하고 체험하면서 국민과 함께 창조적 일자리를 만들어 내는 것이다. 이를 실현하는 방법이 방통융합을 활용한 일자리 창출 콘텐츠다. 방통융합은 사이버 세계에서 일어나는 일이기 때문에 정부의 규제와 간섭을 받지 않고 최고의 성과 실적을 낼 수 있다. 기존의 방송통신 독자 방식보다 10배, 20배, 아니, 100배까지 성과 실적을 낼 수 있다.

방통융합 일자리 창출 콘텐츠는 정부가 공인한 사업이다. 저작권 9건을 비롯해서 국제 특허까지 추진 중에 있는 사업이다. 그러나 정부는 창조경제 일자리 창출을 제시한 순간부터 온갖 박해와 구박을 해가면서 창조경제의 숨통을 끊어 버렸다. 직접 제시한 혁명적 경제 살리기 정책을 정부가 무력화시켜 버렸다. 세상에 이런 나라는 한국 말고는 없을 것이다.

위기의 한국 경제를 살리기 위해 제시된 창조경제 일자리 창출 정책은 악수가 되어 한국 경제의 새로운 위기를 재촉하고 있다. 그 대표적 사례가 성장률의 추락과 1인당 GDP의 감소이며, 성장률은 그대로 주저앉아 버렸다. 1인당 GDP는 전년의 2만 8천 71달러에서 2만 7천 340달러로 감소했다. 최고의 경제 살리기 정책인 창조경제가 역으로 경제 위기를 부른 셈이다. 제2의 한강의 기적을 외치던 박근혜의 체면이 말이 아니게 됐다.

왜 그렇게 됐을까?

창조경제를 이끌고 해낼 사람이 없기 때문이다. 한강의 기적을 일구어 낸 박정희의 주변에는 의욕적인 개발계획을 이끌 제제다사가 구름처럼 운집해 있었다. 자신이 먼저 테크노크라트technocrat, 실무기술관료를 대량으로 키워냈다.

박근혜 때는 창조경제를 할 사람이 달랑 한 사람윤종록 미래부 제2차관 남았다가 그나마 2년여 만에 교체됐다. 그래서 창조경제는 그 혼자 하는 사업이 돼 버렸다. 게다가 창조경제의 개념이 모호했다. 그가 제시한 창조경제와 일자리 창출은 상상력과 창의력을 동원해서 비즈니스를 했고, 그다음은 무엇을 말하는지 알아들을 수조차 없다.

콘셉트가 애매하니 정책도 애매하다. 정책이 애매하니 관료나 국민이 이해할 수 없다. 게다가 실적도 나지 않는다. 국민은 피곤해질 수밖에 없다. 비아냥대기 시작했다. 마침내 창조경제는 국민의 비웃음거리가 돼 버렸다.

법령이 잘못 만들어졌다. 미래부의 법과 시행령에는 진짜 창조경제와 일자리 창출은 없고, 과학기술과 과학기술인사 양성만 있다. 복지부동, 보신주의가 체질화된 공무원사회에 살면서 누가 법에도 없는 창조경제를 하겠다고 나서겠는가. 개혁 정책이 하나도 실천되지 않았다.

박근혜는 길을 잘못 들었다. 큰길을 놔두고 옆길로 빠져 버린 것. 정부와 대기업은 창조경제의 천적인데 천적을 찾아간 모양새가 됐다. 잘될 수가 없다.

그럼 어떻게 해야 하는가?

죽어가는 창조경제를 살려낼 수 있는 방통융합 일자리 창출 콘텐츠를 활용하면 된다. 그런데 정부는 이런 소중한 콘텐츠를 구박하고, 박해하는 일만 하고 있다. 생각을 바꾸어야 한다. 이세돌이 인공지능을 이긴 것은 실패 사례를 복기했기 때문이다. 박정희 성공사례와 박근혜 실패사례를 복기해 보면 금방 해답이 나온다.

정답은 인사다.

성공사례를 들어 보자. 1964년 12월, 박정희가 서독을 방문했을 때의 일이다. 라인 강의 기적을 일구어낸 서독의 에르하르트 총리는 한국 대표단을 만난 자리에서 향후 한국 경제의 흐름을 결정짓게 될 의미심장한 조언을 했다.

『한국은 산이 많다. 산이 많으면 경제 발전이 어렵다. 사람과 물류의 소통이 어렵기 때문이다. 그러니까 한국은 고속도로를 깔아서 사람과 물류의 소통을 원활하게 해야 한다. 그 길을 달릴 자동차를 만들어 내야 한다. 자동차가 달리면 일자리가 늘고, 새로운 산업이 생겨나며, 세금이 들어온다.

그런데 자동차를 만들려면 철이 필요하다. 그러니까 제철공장을 세워라. 정유공장도 필요하다. 자동차 연료용으로 필요할 뿐 아니라, 앞으로는 석유화학 공업이 대세다. 나일론, 플라스틱 공업 등 연관 산업도 일어난다. 독일은 마이스터라는 기능장 제도가 있다. 한국도 기술인력을 양성할 제도가 필요하다. 한 나라의 경제가 안정되려면 중산층이 탄탄해야 하는데 그러려면 중소기업을 육성해야 한다.』

에르하르트 총리의 권고는 1, 2차 5개년 계획의 텍스트북 노릇을 했다. 이때 박정희를 수행했던 장기영 부총리는 귀국 즉시 에르하르트 총리의 권고에 따른 실행전략을 마련해 보고했다. 박정희는 계획안을 그대로 받아들여 그대로 시행했다.

장기영은 실행 전략을 마련하기 위해 정부, 민간의 두뇌를 총동원해서 밤샘 작업을 했다. 1차 5개년 계획을 수정하고, 2차 5개년 계획을 대폭 확충했다. 산업별, 프로젝트별 개발 계획을 마련했다. 경제 기획원, 상공부, 건설부 등 정부와 민간부문의 엘리트를 총동원해서 철야 작업을 하면서 경부 고속도로 건설, 포항종합제철, 현대자동차, 석유화학콤비나트, 제2정유, 현대조선 등 종합개발 계획을 마련했다.

장기영은 6개월여 만에 경제 개발 계획 청사진시안을 마련해서 박정희에게 보고했다. 계획 수렴 과정에서부터 내용을 보고받은 박정희는 개발 계획을 진두지휘하면서 한 치의 오차도 없도록 실행해 나갔다. 청사진에 따라 포항제철 설립68년 초, 경부고속도로 착공68년 2월, 현대자동차 설립67년, 석유화학콤비나트, 현대조선, 제2정유 등이 차례로 착공되었다.

특히 박정희는 인재 발굴의 귀재였다. 탁월한 용인술로 세계적으로 유례없는 민족의 역사를 이끌었다. 기획 및 총감독에는 컴퓨터 달린 불도저라 불리던 장기영을 기용했다. 건설부장관 겸 경부고속도로 현장지휘관에는 야전사령관 출신의 이한림, 포항제철 사장에는 박태준, 경부고속도로 현장과 자동차 공장은 정주영 현대건설 사장에게 맡겼다. 그리고 중화학 공업은 오원철 중화학 담당수석이 맡았다.

이들은 한강의 기적을 일구어낸 1등 공신들로 한국 경제 개발사에 기록됐다. 필자는 이때 포항제철과 울산 조선소 등 역사의 현장을 취재했다. 장군 출신의 박태준 포항제철 사장과 정주영 현대건설 사장의 독특한 업무스타일이 눈에 띄었다.

박태준 사장은 주름 잡힌 작업복에 워커 군화, 안전모에 색안경을 끼고 지휘봉을 잡은 채 현장을 지휘했다. 언동도 군대식 장군 스타일이었다. 저런 사람이 어떻게 이런 초대형 건설현장을 이끌어가나 싶었다.

정주영 사장은 후줄근한 빛바랜 작업복에 역시 후줄근한 작업모와 작업화를 신은, 현장 노동자와 다름없는 옷차림이었다. 말도 약간 어눌한 편으로, 역시 저런 사람이 어떻게 초대형 조선소를 만들어 낼까? 하는 의문을 스스로에게 던져 보았다.

* 현대그룹 정주영 명예회장, 한국일보 편집실 방문(1992년)

그러나 두 사람은 전혀 다른 출신 배경에 전혀 다른 스타일과 전혀 다른 방식으로 대박을 터뜨렸다. 60년대 중반부터 한국에서는 건설 붐이 일었다. 박정희를 축으로 온 국민이 눈코 뜰 새 없이 뛰었다. 그리고 해냈다. 이것이 한강의 기적이다. 이 과정에서 엄청난 일자리가 창출되면서 이농현상이 가속화됐다. 한강의 기적은 박정희의 독특하고 치밀한 용인술이 일구어낸 것이다. 인사가 만사였다.

실패사례를 살펴보자. 그로부터 50년 후, 박근혜는 제2의 한강의 기적을 표방하면서 창조경제와 일자리 창출이라는 세기적 경제 살리기 모델을 제시했다. 규제혁파에서 국가개조에 이르기까지 실현 정책도 빈틈없이 제시했다. 그러나 단 하나도 제대로 실천된 것이 없다. 세기적 경제 살리기 정책이 세기적 실패작이 돼 버리고 말았다.

왜 그렇게 됐는가? 바로 인사가 잘못됐기 때문이다. 창조경제의 총사령탑인 경제부총리에는 창조경제를 알지도, 이해하지도 못하는 연구원장을 기용했다. 현장감독인 미래부 장관은 교수 출신이 맡았다. 창조경제를 이해하고 일할 능력이 있어 보였던 김종훈은 온갖 잡음에 시달리다 공식 임명장을 받기도 전에 보따리를 싸 들고 미국으로 돌아가 버렸다.

창조경제를 알고 일할 수 있는 사람은 달랑 윤종록 제2차관 한 사람뿐이었지만, 그 역시 커리어나 리더십 면에서 창조경제를 이끌어 갈 능력이 모자랐다. 결국 창조경제와 일자리 창출은 처음부터 박근혜 혼자 하는 사업이 돼 버렸다. 박정희 때의 환상적이었던 한강의 기적 팀과 대비해 보면 창조경제팀은 너무 초라하다.

경제부총리가 된 연구원 원장은 부총리가 돼서도 여전히 연구원 원장 스타일이다. 맥이 풀릴 지경이었다. 2년도 채 되지 않아 경제부총리 자리는 교체되었으나 그의 정책은 케케묵은 양적 완화 정책이었다. 돈을 풀어서 일자리를 만들어 내는 양적 완화 정책을 그대로 답습했다.

창조경제를 제시한 박근혜의 심복이 추진한 경제 정책이 창조경제와 정반대 방향으로 나가버린 것이다. 박근혜는 양적 완화 정책에 대한 대안으로 창조경제와 일자리 창출 정책을 제시했는데, 그 심복은 양적 완화 정책으로 회귀해 버린 것이다.

결국 손발이 따로 노는 형국이 돼 버렸다. 소위 초이노믹스는 창조 경제를 죽이는 결정적인 계기가 됐다. 그 결과, 성장률은 떨어지고 1인 당 GDP가 감소하는 치욕적인 경제성과가 나왔다. 한 가지 이상한 것은 다른 나라 경제는 양적 완화 정책 때문에 골병이 들어 버렸는데 유독 미국에서는 잘 먹혀들어 갔다는 점이다. 그 이유는 미국 경제는 인프라가 워낙 튼튼한 데다 창조경제의 기반이 되는 ICT, 소프트웨어, 벤처산업 기반이 튼튼하기 때문이었다. 거기에 미국의 금융 산업이 창조 경제를 잘 뒷받침해 주었다.

이런 곳에서는 돈을 풀어 놓으면 그 돈이 창조경제 쪽으로 쏠린다. 그러나 한국의 금융은 전혀 다르다. 박근혜도 금융개혁을 몇 번이나 강조했지만, 금융은 꼼짝도 않는다. 한국의 금융은 비 올 때 우산 뺏는 사람들이다. 반면 미국의 금융은 비 올 때 우산을 받쳐주는 사람들이다.

그래서 창조경제가 꽃피고, 양적 완화 정책이 성공한 유일한 나라가 됐다. 그럼 우리나라의 선택은 어떻게 해야 하는가? 다행히도 마지막 기회는 남아있다. 대통령이 인사만 잘하면 창조경제는 되살릴 수 있다. 그럼 인사를 잘하는 비결은? 인재를 발굴하는 것이다. 찾아내는 것이다. 찾아내지 못하면 공모하면 된다. 업무 과제를 주고, 거기에 맞는 사람을 기용하면 된다.

인사만 잘하면 나머지 실행 정책은 그들이 알아서 한다. 창조경제가
꽃피고 한국 경제가 살아날 수 있다. 인사가 만사다.

13

관료주의 규제주의 문화 청산
– 인공지능 창조경제로 새문화 창조해야

시대가 영웅을 만든다. 영웅은 시대를 만든다^{時造英雄, 英雄造時}. 세상이 달라지면 난세를 헤쳐 갈 영웅이 나타나는 법이다. 세상을 다스리는 정치도 달라진다. 경제 환경이 달라지면 처방^{경제} 정책도 달라져야 한다. 경제 환경이 확 달라졌는데, 수구·보수 타령만 하면 국민이 고생할 일만 남는다.

21세기 들어 세상이 무섭게 달라지고 있다. 특히 경제 패러다임이 확 달라져 버렸다. 20세기와는 전혀 다른 경제 환경이 찾아왔다. 당연히 경제 정책도, 일자리 창출 정책도 달라져야 한다. 달라지지 않으면 경제가 살아남을 수 없다.

21세기에 들어서기가 무섭게 한편에서는 제4차 산업혁명이 일어나고 있다. 핵심 콘텐츠는 인공지능과 사물인터넷IoT, 그리고 산업과 산업, 기술과 기술의 융·복합이다.

다른 한편에서는 제4차 일자리혁명이 가속도를 내고 있다. 핵심 콘텐츠는 역시 인공지능과 방송·통신융합이다. 그런데 4차 산업혁명과 4차 일자리혁명은 동시다발적으로 진행되고 있다.

이런 대변혁의 시대에 사람의 생각이 20세기 아날로그 시대에 머물러 있으면 세상이 어떻게 되겠는가? 선두주자가 남기고 간 뒤에 남은 먼지만 마신다. 대변혁의 시대, 4차 산업혁명시대에서 살아남으려면 무엇보다 사고의 전환이 필요하다. 사고의 전환은 20세기 아날로그 시대의 정부 주도 경제, 규제주의·관료주의 문화를 청산하고, 21세기 디지털 시대, 융·복합 시대, 인공지능 시대에 걸맞은 새로운 창조경제 문화를 확립해야 한다. 창조경제의 가장 큰, 그리고 무서운 적은 관료주의와 규제주의다. 관료주의·규제주의를 척결하지 않고는 창조경제의 꽃이 피어나지 못한다.

관료주의는 원래 현상유지Status Quo를 지향한다. 관료주의는 태생적으로 변화를 싫어하며, 모험을 싫어한다. 창조경제와 같은 개혁과 혁신을 싫어한다. 이대로는 안 된다는 것을 잘 알면서도 변혁의 시대, 즉 정권이 바뀔 때는 납작 엎드려 보신주의, 복지부동이 돼 버린다.

그래서 개혁 정책은 집권 초기에 강하게 밀어붙여야 한다. 왜 그럴까? 그것은 개혁이나 혁명의 속성 때문이다. 개혁은 소수 기득권층이 향유하고 있는 특권을 빼앗아 다수 소외 계층에게 나누어주는 것이다. 기득권을 빼앗기게 되는 입장에 있는 관료주의자들은 본능적으로 개혁이나 혁명에 저항하게 된다. 반면, 개혁의 과실을 분배받는 입장에 있는 다수 소외 계층은 무엇을 배당받을지 모르기 때문에 지지가 미지근하다. 그래서 개혁은 대통령 취임 직후 짧은 기간에 강하게 밀어붙여야 한다.

그런 의미에서 박근혜가 취임과 동시에 이 시대 최고의 개혁 정책인 창조경제와 일자리 창출을 제시한 것은 기막히게 절묘한 타이밍 선택이었다. 그런데 실패했다. 그것은 인사를 잘못하고, 관료주의와 규제주의를 극복하지 못했기 때문이다. 이는 리더십의 문제가 아니면 설명할 방법이 없다. 메르켈의 취임 일성은 관료주의 척결이었다. 박근혜의 취임 일성은 창조경제와 일자리 창출이었다. 그런데 메르켈은 해냈고 박근혜는 실패했다. 두 여성 지도자의 차이는 리더십의 차이였다.

뿌리 깊은 관료주의는 대통령이 제시한 창조경제와 일자리 창출 같은 세기적인 개혁 정책이 자신들의 기득권을 빼앗아 가는 것으로 오해를 한 것이다. 실제로 영국의 대처나 미국의 클린턴, 독일의 메르켈은 관료주의 척결에서 개혁 정책의 실마리를 찾아냈다. 대처와 클린턴은 공무원 30% 감원을, 메르켈은 관료주의 척결이 최우선이라는 경고 메시지와 함께 개혁 정책을 시작했다. 한국의 김대중 대통령도 IMF 외환위기를 극복하는 과정에서 비교적 온건한 방식^{명예퇴직}으로 가벼운 메스^{공무원 약 2만 명 감원}를 가했기 때문에 많은 개혁에 성공했다. 불과 1년 6개월 만에 IMF 신탁 통치에서 벗어나 경제 주권을 회복했다. 뿌리 깊은 관료주의 척결은 일자리혁명 성공의 필요충분조건이다.

기업의 세계에서도 관료주의는 늘 개혁의 대상이었다. 20세기의 자랑스러운 경영의 귀재, GE의 잭 웰치 회장은 입을 열면 "관료주의를 없애라"고 외쳤다. 조직이 비대해지고 커질수록 이상한 부서와 높은 직위의 관리자 그룹이 형성되어 결국 조직이 병들고 기업이 망하게 된다는 것이다. 창조경제의 원조인 슘페터도 관료주의를 경계대상 1호로 지목했다.

그런데 이상하게도 박근혜는 창조경제와 일자리 창출을 위해서는 칸막이행정 타파, 국가개조, 규제혁파를 해야 한다고 외치면서도 동일선상에 있는 관료주의에 대해서는 아무런 언급이 없었다. 때문에 20세기형 구시대 관료들이 고스란히 살아남아 창조경제의 훼방꾼이 돼 일자리혁명의 시간을 18년 뒤로 되돌려 버렸다. 그 결과, 제4차 일자리혁명을 선도하고 있어야 할 대한민국은 강한 후폭풍을 맞게 되었다. 일자리혁명뿐 아니라 4차 산업혁명도 큰 충격을 받을 수밖에 없게 됐다. 산업혁명도 결국 일자리혁명을 위해 있는 것 아닌가.

대한민국이 맞은 후폭풍의 대표적 케이스로 살아남은 관료주의가 "방통융합 활용 일자리 창출 기반조성사업"을 무력화시킨 것이 있다. 박근혜가 메스를 대지 않고 살려 놓은 관료주의가 배신해 핵심국가 아젠다로 제시한 창조경제와 일자리 창출 정책을 와해시켜 버린 것이다. 방통융합 일자리 창출 모델은 관료주의, 규제주의를 뛰어넘어 창조경제를 실현할 수 있는 핵심 콘텐츠이며 일자리혁명의 핵심 콘텐츠다. 또, 방통융합의 핵심 콘텐츠는 일자리 맞춤교육과 훈련, 일자리 창출 원스톱 서비스, 일자리 발굴 및 창출이며, 이 모든 것의 축이 되는 것은 맞춤교육과 원스톱 서비스를 운영하고 관리하는 JOB 포탈이다.

제4차 일자리혁명을 주도하기 위해 동분서주하는 JBS 일자리방송은 방통융합 일자리 창출 콘텐츠를 개발하고 장애물 경주를 하듯 미래부의 규제망을 뚫고 국회로 직행해서 전천후Ubiquitous일자리 창출 국민 생활화 플랜이라는 예산 항목을 만들어 가까스로 예산이 국회를 통과하기에 이르렀다. 미래부 관료들이 못 하겠다는 것을 국회에서 겨우 통과시켰는데 예산을 넘겨받은 미래부는 예산을 다시 국회에 반납하고 다른 목적으로 전용한다며 8개월이나 늦게 창의재단에 사업자 선정을 위탁했다.

창의재단은 2차례의 입찰 끝에 JBS를 우선협상 사업자로 선정했다. 창의재단은 다시 30여 가지의 규제와 간섭을 해 가며 여기저기 본 목적에 맞지 않는 곳에 나누어 주고는 본 예산 25억 원 중 16억 원만 일자리방송에 배정키로 했다. 동시에 규정에도 없는 가압류를 해결하라는 조건을 붙여 기업의 숨통을 조이는 등 해괴한 관리·감독을 하다가 결국 사업수행 능력이 없다며 국고에 반납해 버렸다.

필자는 경세제민經世濟民을 좌우명으로 정하고 경제학 공부를 시작한 지 55년 만에 여러 의문을 가지게 되었다. 관료주의가 이토록 심각한 단계에 와 있는가? 세상에 이런 추악한 관료주의가 있는가? 대명천지에 이런 규정, 이런 법도 있는가? 이것이야말로 국기문란행위가 아닌가? 일자리혁명의 미래는 어떻게 될까? 하는 의문을 스스로 제기하면서도 엄청난 충격을 받았다. 이런 충격적인 사건들 때문에 그동안 일자리혁명을 이끌어 온 JBS 일자리방송은 뒷감당에 실패하고 기업회생 절차를 밟게 됐다.

그러나 일자리혁명의 흐름은 멈추어 설 수가 없는 것이다. 일자리방송은 파산지경에 이르렀음에도 불구하고 일자리혁명의 깃발을 내리지 않고 이미 개발한 방통융합 활용 알자리 창출 콘텐츠와 인공지능 일자리 창출 콘텐츠를 융·복합한 "인공지능 활용 일자리 창출 콘텐츠"를 개발해냈다. 이미 지적재산권 등록은 되어 있고 특허를 출원 중에 있다.

이때, 기적 같은 일이 일어났다. 정부가 확정 발표한 17조 5천억 규모의 내년 일자리 관련 예산 운용 지침에서는 "고용서비스 혁신, 2017년 예산으로 본격 시행" 관련 정책 자료에서 사회수요 맞춤훈련, 취업,

창업 전 단계 원스톱 서비스, 일자리 포탈 구축 등 3년 전 미래부가 "죽여" 버린 방통융합 일자리 창출 핵심 콘텐츠를 고스란히 살려내겠다고 밝혔다. 여러 차례 제안을 했으나 번번이 주무부서인 고용부와 미래부에 의해 퇴짜를 맞았던 사안들이다. 미래부가 반대하는 것을 예산실 주도로 예산에 반영하지 않았나 하는 느낌이 든다.

방통융합 활용 일자리 창출 사업은 곧 제4차 일자리혁명, 제4차 산업혁명의 핵심사업이기 때문에 창조경제의 주무부서인 미래부와 일자리 주무부서인 고용부의 퇴짜에도 불구하고 미래부 이외의 다른 부서, 예컨대 예산실에서 산업혁명·일자리혁명의 맥을 이어 가겠다는 의미로 예산에 반영한 것으로 풀이된다.

발표문은 고용노동부와 교육부, 중기청 등 3개 부처의 공동명의로 나왔다. 창조경제의 주무부처이자 창조경제 죽이기에 앞장섰던 미래부가 빠져 있기 때문에 선뜻 앞일을 예단하기는 어렵지만, 창조경제 일자리 창출과 인공지능 활용 방통융합 일자리 창출, 제4차 일자리혁명도 다시 기지개를 켜고 글로벌 경제 살리기의 전환점이 될 것으로 보인다.

그러나 여전히 불안요소가 남아있다. 미래부와 고용부는 맞춤교육, 원스톱 서비스, JOB 포탈, 방통융합 콘텐츠, 인공지능 일자리 창출 콘텐츠를 죽인 전력이 있다. 그보다도 미래부와 고용부의 관료주의는 차

세대 핵심사업인 창조경제 일자리 창출, 방통융합 일자리 창출, 인공지능 활용 방통융합 일자리 창출 콘텐츠를 이해하거나 실행할 의지도 없어 보인다. 그리고 관련기업이 맞춤교육, 원스톱 서비스, JOB 포탈과 같은 콘텐츠를 실행할 능력이 없다.

누가 뭐래도 창조경제와 일자리 창출은 위기에 처한 한국 경제 살리기의 최고 모델임에 틀림없다. 그러나 한국은 참으로 이상한 나라다. 대통령이 직접 국가 아젠다로 제시한 창조경제와 일자리 창출은 대통령이 만들어 놓은 미래부 때문에 실패한 것이다. 가장 큰 이유는 뿌리 깊은 관료주의 때문이다. 그 밖에도 창조경제를 법으로 막아버렸다는 점이 가장 큰 실수였다. 법은 근본적으로 규제와 같다. 창조경제 하는데 무슨 법이 필요한가. 법으로 창조경제를 강요하겠다는 것인가. 법의 잣대를 필요 이상으로 엄중히 들이미는 것은 창조경제와 일자리 창출을 촉진하는 것이 아니라 방해하는 요소다. 또 창조경제는 최고 지도자 혼자 하는 것이 아니다. 유능한 전도사가 전파한다. 오늘날 세계를 품 안에 안고 있는 그리스도교는 열두 제자가 전파한 것이다. 그런데 창조경제는 전파할 사람이 한 사람도 없었다. 그런 의미에서 인사를 잘못 한 것이 창조경제의 가장 큰 실패 요인이 됐다.

그러나 창조경제는 영원히 죽은 것이 아니다. 너무 좋은 콘텐츠이기 때문에 죽을 수가 없다. 창조경제를 다시 부활시킬 수 있는 핵심 콘텐츠인 인공지능 활용 방통융합 콘텐츠가 새로 개발되어 있기 때문에 다시 살아날 수 있는 기회는 많다.

그럼, 창조경제의 핵심인 인공지능과 방통융합은 어떤 프로세스와 메커니즘으로 창조경제 일자리 창출을 실현하는가? 방통융합과 인공지능이 융합·복합하면 엄청난 폭발력으로 일자리를 만들어 내고, 만들어 낸 일자리는 경제를 살려내고 국민을 잘살게 할 수 있다. 국민행복 시대를 열 수 있다.

그렇다면 제4차 일자리혁명을 완수하려면 관료주의, 규제주의 문화를 청산하고 인공지능과 창조경제 일자리 창출의 새 문화를 창조해야 한다. 그럼 인공지능 창조경제 일자리 창출의 새 문화는 어떻게 창조하는가? 인공지능 활용 방통융합 일자리 창출 콘텐츠를 실행하면 제4차 일자리혁명이 성공하고, 창조경제 새 문화가 절로 일어난다. 역설적인 얘기지만 그런 일을 해내려면 각종 지원법부터 대폭 축소하고 정비해야 한다. 각종 지원법이 각종 규제의 온상이다. 18년 전 불꽃처럼 일어나던 벤처산업이 바로 그 벤처지원법 때문에 폭삭 망해 버렸다.

인공지능 시대를 살아가려면 창조경제, 새 창조문화를 이루어야 한다. 미국이 왜 제4차 산업혁명을 주도하고 있는가? 미국에는 인공지능 벤처산업 지원법이 없기 때문이다. 관료주의가 없기 때문이다.

14

일자리 창출 정책은 총체적 부실공사
동냥(動鈴)주듯 찔끔찔끔…일자리 창출 훼방

정부가 내년도 예산에 반영한 일자리 창출 예산은 일금 17조 5,000억원이다. 고용노동부와 교육부, 중기청은 이 돈으로 고용서비스를 획기적으로 개선하겠다고 밝혔다. 특히 청년실업 해소를 위해 취업성공 패키지에 이어 창업 전 단계에서 교육, 자금 등을 지원하는 "청년창업 성공패키지"를 활성화해 500개 팀에 500억 원을 지원한다고 밝혔다. 그러나 돈만 나누어 준다고 취업이 되고 창업이 되는 것은 아니다.

또, 대학생의 소액 창업지원을 위해 300억 원 대학창업 매칭 펀드도 새로 도입했다. 창업선도 대학도 기존 34개에서 40개까지 확대하고, 관련 예산도 753억 원에서 922억 원으로 늘려 청년창업이 실제 사업화로 이어질 수 있도록 돕는다. 청년 창업·취업을 통해 청년 일자리 창출을 21만 개에서 24만 개로 늘린단다. 그러나 여전히 어떤 일자리를 어떤 방법으로 어떻게 만들어 낸다는 구체적인 방안은 없다.

일자리 창출 분야별 예산을 보면, 직접 일자리 창출을 위해 2조 6천억 원을 투입, 75만 8,000개의 일자리를 만들어 낸다고 한다. 문화·예술 등 청년 선호 분야 및 사회 서비스 일자리를 확대하며, 직업훈련에 2조 4천억 원을 투입, 대학단계의 일 경험, 사회수요 맞춤 훈련, 일·학습 병행제 지원을 확대한다는 것이다. 안타깝게도 정부가 돈을 풀기만 하는 이런 형태의 정책으로는 지속적인 일자리 수요를 맞추기 어렵다. 10조를 투입해서 3백만 개를 만들어 낸다고 한들 오래가지는 않을 것이다.

고용서비스 부문에는 8,000억 원을 투입, 고용복지+센터 확충 및 일자리 창출 포탈을 구축한다. 이와 함께 고용 장려금 3조 2천억 원을 투입, 청년 내일 채움 공제 신설 등 구직자 지원을 강화한다. 창업 지원에도 2조 2천억 원을 배정, 취업·창업 전 단계를 원스톱 서비스하는 창업 성공 패키지를 신설키로 했다. 실업소득 유지 및 지원에도 6조 3천억 원이 지원된다실업급여 및 산재보험 급여 보장성 강화. 그런데 그 많은 성공 패키지 중 성공한 것이 있는가? 취업·창업 전 단계 원스톱 서비스, 취업·창업 맞춤교육, 일자리 창출 JOB 포탈 구축을 이야기하지만, 맞춤교육, 원스톱 서비스, JOB 포탈이 무엇인지조차 이해하지 못한 정부 인사들이 이를 수용하고, 뒷감당할 재간은 없어 보인다.

정부의 일자리 창출 예산은 영양가 있는 진수성찬으로 가득 찬 밥상과 같다. 그러나 예산 집행 부처, 담당 관료의 눈 밖에 난 사람은 밥상 근처에도 접근할 수 없다. 예산 집행부서 담당자들은 취업·창업 지망생들을 괴롭혀서 밥맛만 떨어지게 한다. 예산집행 절차와 과정이 너무 까다롭고 복잡해서 당연히 예산을 쓸 사람, 즉 JOB 포탈이나 원스톱 서비스, 맞춤훈련을 할 수 있는 콘텐츠를 갖고 있는 사람에게는 자금이 집행되지 않고 엉뚱한 사람에게 집행해서 실제 일자리 창출은 전혀 이루어지지 않는다.

예산실 사람들은 JOB 포탈이나 원스톱 서비스 시스템을 제시하면 좋은 콘텐츠라며 예산배정을 해주려고 노력한다. 그러나 현행 예산배정 시스템은 집행부에서 올리는 상향식 편성을 하게 돼 있어 예산실도 함부로 예산을 배정하지 못한다. 그래서 집행부서의 동의를 받아 반영하는 형식을 따른다. 그러면서 단서를 단다. "예산은 반영하되 집행은 보장 못 한다."

실제로 집행부서, 예컨대 고용부에서 집행할 때는 엉뚱하게 변질돼 버린다. 조금만 규모가 있으면 무조건 입찰에 부친다. 입찰조건은 JOB 포탈이나 맞춤교육, 훈련 원스톱 서비스 사업을 집행하는 데도 자본금, 재무구조, 고용자 수, 과거 실적, 대표자 학력·경력을 따져가며 점수를 매긴다. 정작 중요한 JOB 포탈이나 원스톱 서비스 관련 기술 콘텐츠는 몇 점 받지 못한다. 당연히 능력 있는 기업은 탈락하고, 엉뚱한 사업자가 선정된다. 고용부, 미래부 등 담당부서에서는 입찰에 부쳐 사업자를 공정하게 선정했다고 쾌재를 부른다. 그러나 실제 선정된 사업자 자리는 JOB 포탈도, 원스톱 서비스도, 맞춤훈련은커녕 관련 콘텐츠도 없고, 수행할 능력도 없는 엉터리에게 돌아간다. 그 결과는 당연히 성과 실적이 거의 나오지 않고, 설사 성과 실적이 나온다 하더라도 가공적인 숫자가 대부분이며, 그나마 1년 내에 모두 사라져 버린다. 고용부의 일자리 창출 역시 이런 식으로 예산만 낭비한다. 집행부서의 집행방식이나 운영과정을 보면 경찰이 도둑 잡듯이 사업자를 규제, 감시, 감독해서 손발을 묶어 놓은 경우가 많다. 또, 자금을 집행할 때도 찔끔찔끔 나누어 주겠다고 하는 경우가 다반사다.

실제로 미래부 산하 창의재단은 방통융합 창조경제 일자리 창출 시범사업 예산을 집행할 때 20여 가지 규제조항을 적용하는가 하면 시행 방송사에 10회에 나누어 집행하겠다고 으름장을 놓기도 했다. 그래서 창조경제 일자리 창출 사업은 시행관청과 사업자가 외면하고 국민은 피곤해하고 있다. 고용부에서 일자리 창출의 간판사업으로 내놓고 있는 내일 배움 카드제의 경우, 운영방법이 너무 복잡해서 도무지 교육·훈련 업무에 전념할 수가 없다. 난해하고 복잡한 절차와 규제, 규정을 따르다 보면 본연의 업무를 수행할 수가 없게 된다.

지원절차를 보면 구직등록 상담 및 계좌발급_{고용센터}→훈련과정 선택 및 훈련 참여_{훈련생}→훈련대금 청구_{훈련기관}→대금지급 및 결제내역 송부 금융기관→예산집행정부까지 하다 보면 본업인 교육·훈련에 들어가기도 전에 소정의 절차를 밟느라고 훈련생과 훈련기관이 모두 탈진해 버린다.

그다음 절차로 교육·훈련기관이 선정되면 수강생 1인당 2백만 원 내외의 교육·훈련비취업 성공 패키지사업 3백만 원를 주어 선정된 교육기관에서 교육을 받도록 한 후, 지방 노동청 측성과·실적에 관계없이이 복잡한 규정에 맞는지 규제·감시·감독을 한다.

교육·훈련기관의 자격요건, 교육 강사의 자격요건, 강의실 면적시설·장비, 지역별 배분, 복잡한 신청방법 및 과정, 운영·관리 방법신규가입절차 : 신규회원가입→로그인→행정지원 시스템→계좌제→신규신청, 훈련생 출석 확인→훈련비용 지급 및 정산카드 사용으로 한정, 3단계 훈련 조정위원회 개최와 같은 절차를 보면 교육·훈련이 잘되도록 지원하는 것이라기보다는 철통같은 감시·감독·규제강화 등이 교육·훈련의 핵심이다. 교육·훈련은 건성으로 하고, 취업·창업은 나 몰라라 하는 상태가 된다.

성과·실적을 체크하는 방법은 신고제가 전부이며, 이직·전직, 휴·폐업, 사후관리 등의 성과·실적을 평가하는 시스템은 전무하다. 거미줄 같은 감시·감독·규제망은 교육·훈련 및 취업·창업을 촉진하는 것이 아니라 방해하는 것이라고 봐도 무방하다. 규제·관리·감시·감독하는 인력이 3년 후까지 살아남은 교육·훈련생취업 · 창업자보다 훨씬 많다. 그 결과, 내일 배움 카드제의 사업효과사업영향, 산출물 성과 지표 등는 너무나 실망스럽다. 고용부 직업능력 정책관청이 마련한 09~13년도 내일 배움 카드제 성과계획서의 성과지표 및 최근 3년간 성과달성도표에 따르면 내일 배움 카드제 훈련참여자의 훈련 수료율은 80.6%로, 약 20%가 교육 기간 중 탈락한다. 또, 내일 배움 카드제 교육·훈련 참여자의 취업률은 30.0%로, 전체 훈련 참여자 중 약 24%만이 취업에 성공한다. 그나마도 취업자의 70%^{추계}가 이직·전직, 혹은 휴·폐업으로 3년 이내에 그만둔다. 결국, 3년 이후 생존자는 전체의 8% 남짓한 인원뿐이다. 그러니까 1인당 200만 원씩 들여서 교육·훈련시킨 내일 배움 카드제 사업의 성적표는 90% 이상이 중도 탈락하고, 겨우 교육·훈련생의 8% 남짓만 살아남는 것이다. 100명을 교육시켜 겨우 8명 내외만 살아남는다는 얘기다. 예산낭비의 표본이라 할 수 있다. 당연히 이런 초라한 성적을 내놓은 내일 배움 카드제 사업의 운용방식은 대폭 개편돼야 한다. 이런 비능률적인 교육과정을 왜 계속하고 있을까? 더욱 이해가 되지 않는 것은, 이런 낡은 방식의 4~5분의 1 비용으로 10~20배의 성과·실적을 낼 수 있는 맞춤교육 원스톱 서비스 시스템, 방통융합 일자리 창출 콘텐츠가 개발되었음에도 고용부는 듣는 시늉도 하지 않고, 미래부는 우선협상자로 선정해놓고서도 트집을 잡아 예산을 국고에 반납하기도 했다는 것이다.

예산 당국은 내년 예산에 맞춤 교육·훈련 콘텐츠, 취업·창업 원스톱 시스템, JOB 포탈 구축 관련 예산을 과감하게 배정해 놓았다. 그러나 고용부는 이런 첨단 콘텐츠, 시스템에 대해 전혀 이해를 못 하고 있다. 2

년 전 미래부도 이해를 못 하고 우선 협상자를 괴롭히다가 예산만 반납한 적이 있다. 고용부도 갖은 수단을 다 동원해서 판을 깰 것이 틀림없다. 맞춤교육도, 원스톱 서비스도 할 수 없는 사업자에게 예산을 집행하고 성과·실적은 체크도 하지 않은 것이다.

내일 배움 카드제와 함께 고용부의 핵심적 교육·훈련 프로그램 역할을 하고 있는 것이 취업 성공 패키지이다. 그 취업 성공 패키지는 어떻게 구성되어 있을까?

1. 지원 대상자는 만 18~64세로서 생계급여 수급자, 중위소득 60% 이하 가구원, 여성가장, 장애인, 위기청소년, 니트족, 북한 이탈주민, 결혼이민자, 고등학교 이하 졸업자 중 비진학 미취업 청년, 대학 졸업 후 미취업 청년, 연간 매출액 8천만 원 이상 1억 5천만 원 이하 자영업자 등 선정 조건이 무척 까다로워 지원할 엄두가 나지 않는다. 복잡하고 까다로운 선발 절차를 통과하더라도, 그다음 취업, 창업할 때까지 교육·훈련기관이 하는 것은 수련생을 괴롭히는 일밖에 없다.

2. 취업 지원의 주요 내용은 1단계_{진단·경로설정}-집중 상담 및 직업 심리 검사, 2단계_{의욕·능력증진}-개인별 취업 활동 계획^{IAP}에 따른 취업의욕 및 근로 능력 증진을 위한 다양한 취업 지원 프로그램 제공_{집단상담, 직업훈련, 창업지원 프로그램 등}, 3단계_{집중 취업 알선}-동행 면접 실시 등 지원 대상자의 노동시장 진입 촉진을 위한 적극적이고 실질적인 취업 알선 실시.

3. 1단계 참여 수당 지급-취업 성공 패키지 지원 대상자로서 1단계 과정에서 집단상담 프로그램을 거쳐 개인별 취업활동 계획을 수립한 자에 대하여 1단계 참여수당^{최대 20~25만 원}을 지급한다.

4. 2단계 참여 수당 지급-훈련 참여 지원 수당은 취업 성공 패키지 참여자로서 직업훈련에 참여 중인 자에 대하여 훈련기간 생계부담 완화 차원에서 지급하는 수당. 1인당 18,000원, 최대 284,000원까지 지급한다. 훈련 참여 지원 수당은 1차 훈련과정 개시일을 기준으로 1개월이 경과한 이후, 신청서 제출을 전제로 직업능력 개발 계좌로 지급하되 6개월간 월 최대 훈련 장려금 116,000원을 지급한다.

5. 취업 성공 수당 지급-취업 성공 패키지 지원 사업 참여자가 1단계 IAP 수립을 완료한 후, 주 30시간 이상의 일자리에 취업하여 고용보험 피보험자격을 취득한 경우에 취업 성공 수당을 지급한다.

전 과정이 찔끔찔끔 나누어 주기, 갈라주기 하면서 그나마도 감시·감독 하느라 교육·훈련 전 과정이 팽팽한 긴장 속에서 이루어진다. 이 밖에도 고용부, 복지부 등에서 운영하는 청년 인턴 지원금 제도^{월 60만 원 × 6개월}, 각종 창업·취업 성공 패키지 제도, 서울시 청년 취업 활동 수당^{월 50만 원 × 6개월, 3,000명 한도}, 서울시 일자리센터, 서울시 육아 종합지원 센터^{25개 구청별} 등 헤아릴 수 없이 많은 일자리 창출 지원기관이 있다.

공통된 특징은 운영·관리·절차가 까다롭고 규제·규정·감시, 감독 위주로 운영되고 있다는 점, 그리고 나눠주기, 갈라주기 식으로 적당히 배분하고 있다는 점이다. 20세기 권위주의 시대, 집단교육 시대의 낡은 교육훈련 방식을 답습하고 있다는 것이다. 그래서 성과·실적이 전혀 나지 않는 점이 두드러지게 나타나고 있다. 또, 대부분의 지원이나 교육 훈련이 찔끔찔끔 나누어 주고 있고 취업·창업 신청자를 도둑 취급하며 감시·감독에 치중하고 있다. 그래서 관리 감시·감독관들 수가 살아남은 취업·창업 희망자보다 더 많은 경우도 있다. 보기에 따라서는 일자리 창출을 방해하고 있다고 할 수도 있다. 어떻게 해서 디지털 시대에 이런 구태의연한 일자리 창출 정책이 강행되고 있을까? 삼척동자가 웃을 일이다. 이런 소모적이고 낭비적인 교육·훈련을 왜 하는가? 규제·규정·절차를 맞추기 위해 하는 것이다. 그저 감시·감독을 하기 위해 하는 것이다. 교육·훈련생을 괴롭히기 위해 하는 것만 같다. 고용부는 아직도 아날로그시대, 집단 교육시대, 강의실 교육시대, 오프라인 교육시대, 주입식 교육시대인 20세기에 살고 있다. 시대가 바뀌고 세상이 바뀐 것도 모르고 한가하게 20세기에 머물러 있다.

이런 비능률적이고 낭비적인 일자리 창출사업을 왜 하는가? 성과 실적을 담보로 해서 사업수행 능력이 있는 사업자에게 지원해야 한다고 제안해 보았다. 고용부 관료들은 사업 수행자를 믿을 수 없다고 대답한다. 그럼 보증보험에 들게 하면 되지 않느냐고 반문해 보았다. 대답은 2.5% 정도의 보증보험료 부담이 너무 무겁단다. 마치 고양이가 쥐 생각하는 것 같다. 이런 낡은 교육·훈련, 취업·창업방식으로 일자리를 창출한다는 것은 대한민국의 수치다. 정부는 일자리를 창출한다고 17조 5,000억 원이나 투입해 가면서 겨우 이런 정도의 일자리 창출 정책을 하고 있음에 부끄러움을 느껴야 한다.

국민은 스마트, 모바일로 쇼핑하고, 뱅킹하고, 교통문제를 해결하고, 사이버 세계에서 일상생활을 하고 있는데, 고용부, 미래부는 석기시대의 일자리 창출방식을 고수하고 있다. 특히, 청년 일자리 창출은 곧 창조경제 일자리다. 창조경제 일자리는 전체의 70%에 달하는데, 청년창업을 지원한다며 세상 물정 모르는 젊은이들을 창업시장으로 반강제로 내몰고 있다. 이명박 때는 청년창업을 지원한다며 1조 6천 5백억 원을 지원해 가면서 젊은이들을 창업현장으로 내몰았다. 그 결과, 대부분이 신용불량자 아니면 빚투성이 알거지가 되었다.

일할 수 있는 능력을 키워 주어야지, 돈만 지원해 주고 규제·간섭·관리·감독만 하면서 취업·창업하라고 재촉한 일자리 정책은 현실감각이 전혀 없는 정책이다. 현행 일자리 창출 정책은 현실 세계와는 전혀 다른 정책이며, 스마트, 모바일 시대에는 잠꼬대 같은 정책이다.

한편 미래부는 창조경제와 일자리 창출 사업을 정상적으로 할 수 없게 되자 창조경제 타운과 창조경제 혁신센터17개 지역, 18개 센터를 설치, 운영하고 있다. 그런데 창조경제 타운은 미래부가 관리 운영하고 있고, 창조경제 혁신센터는 전경련 주도의 대기업이 관리 운영하고 있었다. 정부와 대기업은 관료주의의 대명사로, 창조경제와는 궁합이 맞지 않는다. 그래서 그 잘난 창조경제가 실패에 실패를 거듭하고 말았다.

그럼 어떻게 해야 하는가? 21세기는 디지털 시대다. 인터넷 시대다. 스마트폰 시대다. 방통융합 시대다. 인공지능 시대다. 20세기의 낡은 일자리 창출 방식은 이제 쓸모없는 시대가 됐다. 20세기 아날로그 시대의 일자리 창출 방식은 모두 폐기처분할 때가 됐다. 21세기 디지털 시대에 걸맞은 혁신적 일자리 창출 방식으로 전환해야 한다.

일자리 방송은 제4차 일자리혁명의 핵심 콘텐츠인 인공지능 활용 방통융합 일자리 창출 콘텐츠를 개발했다. 먼저 JOB 포탈을 설립해서 필요한 만큼 일자리를 발굴한다. 그리고 맞춤교육·훈련, 취업·창업 매칭 서비스까지 일자리 창출 원스톱 서비스를 해주는 차세대 일자리 창출 모델인 인공지능 활용 방통융합 일자리 콘텐츠를 개발해냈다. 이것이 제4차 일자리혁명의 핵심이자 인공지능 일자리혁명이다.

15

갈팡질팡 · 우왕좌왕 경제 정책
산업혁명과 일자리혁명의 융·복합이 정답이다

　한국의 경제 관료들은 경제 원론도, 개혁 정책의 기본 원리도 이해하지 못하고 있다. 그래서 정부의 경제 정책이 우왕좌왕, 갈팡질팡하고 있다. 관료들의 머리가 개발연대에 머물러있기 때문이다. 아직도 일자리가 경제 정책의 핵심이라는 것을 모른다.

　경제 정책의 최종목표는 국민을 잘 먹고 잘살게 하는 것이다. 잘 먹고 잘살게 하는 도구가 바로 일자리다. 좋은 일자리를 많이 만들면 나라는 부강해지고 국민은 잘 먹고 잘살게 된다. 만들어 낸 얘기가 아니다. 경제학의 아버지라는 애덤 스미스가 최초의 경제학 교과서인 『국부론』에서 설파한 것이다. 애덤 스미스의 자유방임주의를 뒤엎은 소위 케인즈 혁명도 결국 일자리 창출 방법들을 가지고 쿠데타를 일으킨 것이다.

그럼 어떻게 하면 일자리를 많이 만들어서 국민을 잘 먹고 잘살 수 있게 할 수 있을까? 애덤 스미스는 정부가 간섭하지 말고 시장에 맡기라고 했다. 자유방임주의Laissez Faire, Laissez Aller가 바로 그것이다.

영국은 자유방임을 해서 많은 일자리를 만들어 내고 제1차 산업혁명과 제1차 일자리혁명을 완수했다. 그래서 영국은 나라가 부강해지고 팍스 브리테니카Pax Britanica시대를 열었다. 스미스의 자유방임주의는 그 후 150년 동안 계속되었다. 그렇다고 자유방임주의가 마냥 태평성대를 구가한 것은 아니었다. 독점 문제와 빈부 양극화 문제가 불거졌다.

미국에서는 석유재벌 존 록펠러가 석유시장의 90%를 독점해 버렸다. 미국경제를 집어 삼키는 기세가 됐다. 1890년 미국은 반反 트러스트법을 만들어 록펠러의 스텐다드 오일을 32개로 쪼개 버렸다. 내친 김에 아메리칸 토바코, AT&T도 20~30개씩 분할해서 독점이 숨도 쉴 수 없도록 만들어 버렸다.

그런 다음 빈부 양극화 문제가 당시 세계에서 가장 잘사는 나라 영국에서 터져 나왔다. 가난은 나라도 구하지 못한다는 말이 있듯이 빈부 양극화는 늘 자유방임주의의 걱정거리가 됐다.

영국 경제학은 빈부 양극화 문제 해결에 매달렸다. 캠브리지 학파의 문을 연 알프레드 마샬은 늘 빈민구제를 걱정했다. 그는 런던의 빈민가를 자주 찾는가 하면, 그의 연구실에는 빈민가의 풍경화를 걸어놓고 경제학은 우울한 학문이라면서 빈민구제를 다짐했다.

마샬은 2명의 걸출한 제자를 두었다. 한 사람은 A. C. 피구Pigou, 다른 한 사람은 J. M. 케인즈Keynes였다. 피구는 마샬의 적통을 이어 후생 경제학의 문을 열었다. 영국의 사회보장제도, 노사문제, 공정거래제도의 기본 프레임을 제시했다.

케인즈는 적통을 잇지 못하고 재무성 관리, Economic Journal의 편집장, 1차 대전 후 평화회의 재무성 대표를 전전하다가 1930년대 대공황이 오면서 때를 만났다. 그는 루스벨트 대통령의 뉴딜정책을 이론적으로 뒷받침하는 『고용·이자 및 화폐에 관한 일반이론1936년』을 출간해서 세계 경제를 대공황의 위기에서 구해냈다. 케인즈의 일반 이론은 일자리를 주제로 한 것이었다. 세계 경제를 집어삼킬 듯한 실업문제를 해결하기 위해서는 자유방임주의가 제시한 금기를 깨고 정부가 돈을 풀어 일자리를 만들어 내야 한다고 역설했다.

이 시대는 또 한 사람의 걸출한 경제학자를 배출해냈다. 오스트리아가 낳은 천재 경제학자 조지프 슘페터가 바로 그 사람이다. 그는 1912년, 『경제발전 이론』을 출간해서 창조경제의 단초를 열었다. 창조적이고 모험적인 기업가Entrepreneur가 기업가정신Entrepreneurship으로 신기술·신상품·신관리기법 개발 등 혁신Innovation과 창조적 파괴Creative Destruction

의 과정을 밟으면 경제는 발전하고 일자리는 늘어난다고 했다.

백 년 앞을 내다본 그의 탁월한 식견은 1930년대 대공황의 소용돌이에 묻혀 빛을 보지 못하다가 1970년대, 세계 경제가 불황 속의 인플레이션, 즉 스태그플레이션Stagflation의 늪에 빠지면서 그의 창조경제가 주목을 받기 시작했다.

세계 경제의 큰 흐름을 이끌어온 석학들의 경제이론은 모두 일자리 창출을 주제로 한 것이다. 비단 학문세계의 경제 원론뿐 아니라 20세기를 빛낸 정치 지도자들도, 일자리 창출 정책에 성공한 지도자들인 미국의 루스벨트, 클린턴, 한국의 박정희, 김대중IMF 외환위기 극복, 중국의 덩샤오핑, 일본의 이케다, 고이즈미, 영국의 대처, 독일의 메르켈 등 경제 정책의 기본원리에 충실한 사람들은 모두 성공한 지도자로 역사 속에 기록되어 있다.

2008년 9월 15일, 뉴욕발 금융위기가 터졌다. 이 날은 1929년 10월 24일, 뉴욕증시의 대폭락 사태를 불러온 암흑의 목요일에 비견되는 날이다. 세계 5위의 투자은행IB 리먼 브라더스의 파산과 함께 폭발한 뉴욕발 금융위기는 21세기 세계 경제를 다시 위기 속으로 몰고 갔다.

세계 각국은 어찌할 바를 몰랐다. 급한 김에 양적 완화Quantitative Easing라는 이전에는 듣지도 보지도 못한 정책을 내놓고, 순식간에 10조 달

러에 달하는 정부, 은행, 투자은행의 돈을 풀어 가까스로 세계 경제의
파산을 막았다.

그것은 1930년대 대공황 때 정부의 돈을 무제한 풀어가며 은행 파산
을 막는 동시에 홍수처럼 쏟아져 나온 실업자에게 일자리를 찾아주던
뉴딜정책과 닮은 꼴이었다.

양적 완화 정책은 그동안 돈을 너무 많이 풀어서 거품이 가득 찬 상
태에서 다시 거품을 일으키는 정책으로, 마치 끓는 가마솥의 기름에
불길을 지핀 것과 같이 대단히 위험한 응급처방이었다. 그러나 세계 1,
2위의 경제대국, 미국경제와 중국경제가 잘 버텨주어 세계 경제의 파
산을 모면할 수 있었다.

미국경제는 1990년대 빌 클린턴의 신新경제 정책이 일구어 놓은 ICT
벤처산업 및 생산적 복지 정책이 위기 극복에 큰 몫을 했다. ICT 벤처
와 생산적 복지정책 등 2개의 혁신정책은 말하자면 창조경제의 단초를
연 것인데, 그런 창조경제의 기반이 구축되어 있었기 때문에 미국경제
는 말도 안 되는 양적 완화 정책으로도 위기의 미국 경제를 살려낸 것
이다. 미국은 이례적으로 양적 완화 정책의 성공에 힘입어 이제 양적
완화 정책의 종료를 선언한 상태이다.

* 빌 클린턴 전 대통령의 영부인이자 지난 미 대선 유력 후보였던 힐러리 클린턴 미 상원의원
  과 박병윤 의원

중국은 신흥 공업 국가다. 투자 기회가 도처에 깔려있기 때문에 돈을 많이 뿌려도 뒤탈 없이 고도성장을 유지할 수 있었다. 세계 경제를 이끄는 쌍두마차의 분전에 힘입어 세계 경제는 겨우 파산을 면할 수 있었다. 그러나 미국과 중국 이외의 다른 나라 경제는 마이너스 금리 정책을 쓰는 등 응급정책을 이어가면서 세계 경제는 여전히 불안한 상태에 머물러있었다.

바로 이때, 2013년 2월 취임한 한국의 박근혜는 창조경제와 일자리 창출이라는 시대적 요구에 딱 맞아떨어진 혁명적인 경제 살리기 정책을 제시했다. 그것은 시대적 소명이자 하늘이 내려준 축복이었다.

그러나 이게 웬일인가? 이 시대 최고의 경제 살리기 정책이 대실패로 막을 내렸다. 창조경제의 실패와 함께 하늘의 축복은 하늘의 저주로 돌변해 버렸다. 창조경제는 부메랑이 되어 한국 경제를 위기로 몰아가고 있다. 이제 창조경제는 재기불능 상태가 됐다. 이 시대 최고의 경제 살리기 모델인 창조경제의 실패는 가장 나쁜 실패 사례로 세계 경제사에 기록될 수밖에 없게 됐다.

왜 그렇게 됐을까? 바로 관료주의 때문이다. 20세기 개발연대에는 관료들이 경제를 이끌어 온 시대였다. 뉴딜정책, 라인강의 기적, 한강의 기적, 일본의 전후 경제부흥 등 모두 정부 주도로 관료들이 일구어 낸 기적들이다. 그러나 21세기 들어 세상이 달라졌다. 창조경제 시대가 왔다. 그러나 관료주의는 창조경제를 이끌어 갈 수 없다. 기업가 정신, 창조적 파괴, 이노베이션, 신기술과 신상품 개발, 자유와 창의가 주름잡는 시대인데 이런 혁명시대를 관료주의와 규제주의가 감당할 수 없다.

창조경제의 창시자 조지프 슘페터는 관료주의나 대기업을 창조경제의 훼방꾼으로 지목했다. 그래서 20세기의 걸출한 지도자인 영국의 대처, 미국의 빌 클린턴 대통령은 정부 공무원을 30%씩 감원하면서 작은 정부를 만들어 관료주의 척결에 나섰다. 독일의 메르켈도 취임 일성이 관료주의의 척결이었다. 모두 성공했다. 대처는 대영제국을 부활시켰다. 클린턴은 아메리칸 르네상스를 일구어냈다. 메르켈은 유럽 대륙의 지도자로 떠올랐다.

한국의 박근혜는 취임과 동시에 창조경제와 일자리 창출이라는 혁명적 경제 살리기 정책을 국가 아젠다로 제시해 놓고도 관료주의의 틀을 깨지 못하고 경제는 죽을 쑤고 있다. 개발연대를 주름잡던 관료주의가 창조경제의 질곡桎梏으로 변해 버렸기 때문이다. 이런 수구적, 퇴영적 관료주의는 국가 최고 지도자가 나서서 척결해야 하건만 한국은 그러지 못했다. 대처, 클린턴, 메르켈은 국가개조를 통해 수구적 관료주의를 척결했는데 한국의 박근혜는 못 했다.

창조경제의 추락과정을 보면 안타깝다 못해 허망한 느낌이 든다. 처음 창조경제와 일자리 창출 정책은 요란한 예고편과 함께 등장했다. 대통령은 창조경제와 일자리 창출 정책을 수행하려고 미래부를 만들었다. 동시에 칸막이 행정을 타파하라, 규제를 혁파하라, 관료주의를 척결하라, 비정상을 정상화하라, 국가 개조를 해야 한다, 네거티브시스템을 도입하고 고용률을 70%까지 끌어올려라, 경제성장률을 4%로 끌어올려라 등 금과옥조와 같은 실행 정책, 개혁 정책이 어지러이 쏟아져 나왔다.

그러나 혁신적 개혁 정책은 단 하나도 먹혀들지 않았다. 먼저 미래부의 간판은 미래창조경제부가 아니라 미래창조과학부로 바뀌었다. 일자리 창출을 위해 창조경제를 하겠다고 선언해 놓고 창조과학만 하겠다고 말을 바꾸어 버렸다. 그리고 미래부 법에는 핵심정책이 창조경제와 일자리 창출이 아니라 창조과학과 과학인력 양성으로 탈바꿈해 버렸다. 창조경제와 관련된 기구는 달랑 창조경제기획국 하나 남았는데, 그나마도 기획업무만 하고 실무 집행 업무는 할 수 없게 되었다. 이건 창조경제를 하지 말라는 얘기나 다름없다. 일자리 창출의 "일"자도 보이지 않는다. 창조경제도 기획만 하고 일자리 창출은 손도 대지 말라는 얘기다.

대통령은 목청을 돋우며 창조경제와 일자리 창출을 하라고 재촉을 하고 있는데, 실제 정부조직법에 모습을 드러낸 미래부는 창조과학과 과학인력 양성만 하는 부처가 됐다. 이런 기형적인 조직에서 관료주의와 보신주의로 중무장된 공무원들이 무엇을 할 수 있겠는가? 개발연대를 주름잡던 관료주의가 창조경제의 질곡으로 탈바꿈하는 순간이다.

혁명적 경제개혁 정책을 추진하는 과정에서 경제부총리는 매우 중요한 역할을 한다. 경제 정책의 기본원리를 터득하고 엄청난 추진력을 갖추어야 한다. 박정희는 바로 그 자리에 컴퓨터 달린 불도저라는 별명을 가진 한국일보 사장 출신의 장기영을 기용했다. 그는 취임하자마자 대통령의 서독 방문을 기획했다. 거기 가서 라인 강의 기적을 일으킨 주인공 에르하르트 수상으로부터 경제 개발 정책의 기본원리를 훈수 받았다. 그는 귀국 후 밤낮을 가리지 않고 1, 2차 5개년 경제 개발 계획을 수정·보완한 후 대통령의 재가를 받은 그대로 시행했다. 그것이 바로 한강의 기적이다. 그러나 박근혜는 그 핵심적인 자리에 물망에 올라있던 사람을 제쳐놓고 개혁 정책이 무엇인지도 모르는 사람을 앉혀 놓았다. 미래부 장관도 똑같은 방식으로 엉뚱한 사람을 기용했다. 진짜 큰 실수를 한 것이다. 여기서부터 창조경제는 빗나가기 시작했다.

미래부 법은 박근혜와 미래부가 동상이몽하며 한 조직에서 전혀 다른 길로 가는 계기가 됐다. 게다가 기재부·미래부 인사가 희극적으로 꾸며졌다. 미래부를 통틀어 창조경제를 아는 사람은 제2차관 단 한 사람뿐이었으며 박근혜보다도 창조경제를 모르는 사람이 미래부 장관이 됐다. 처음부터 창조경제는 박근혜 혼자 하는 정책이 됐다. 나머지 800

여 명은 구경꾼이 돼 버렸다. 창조경제호는 배가 산으로 가는지 바다로 가는지 알 수 없는 상태가 돼 버렸다.

미래부 조직과 인적 구성은 창조경제를 할 수 없는 구조가 돼 버렸다. 자연스럽게 창조경제와 일자리 창출은 박근혜 혼자 하는 정책사업이 돼 버렸다. 그 많은 미래부 사람들은 강 건너 불구경하듯 하는 방관자적 자세로 돌아서 버렸다. 당연한 결과로, 미래부가 하는 일은 법에 없는 창조경제를 할 수 없도록 돼 있는 법 규정을 법대로 실행하는 일만 하게 됐다.

그 밖에 혁신적인 실행 정책들도 실행은커녕 창조경제의 훼방꾼으로 변질돼 버렸다. 박근혜의 행정명령1호는 "칸막이 행정을 타파하라"였다. 그러나 전자회로 판처럼 촘촘히 꽉 짜인 미래부의 조직체계는 관료주의와 어울려 미동도 하지 않고 더욱 튼튼한 규제의 철벽을 쌓아가고 있었다. 그가 딱 부러지게 관료주의를 척결하라고 하명하지는 않았지만 칸막이행정 타파와 규제혁파의 행간을 더듬어 보면 관료주의 척결은 가장 핵심적인 개혁 정책이었다. 그러나 미래부는 듣는 시늉도 하지 않았다.

그가 가장 공들이고 역점을 두어 추진한 것이 규제혁파였다. 7시간씩이나 직접 회의를 주재하면서 광범한 규제 사슬이 우리 경제의 암덩어리라고 역설했다. 그러나 직접 주제한 규제개혁에도 불구하고 규제가 혁파된 흔적은 없고 오히려 관료주의에게 변명할 기회만 주었다. 면죄부만 주는 모양새가 돼버린 것이다. 또한, 비정상의 정상화를 지시했다. 그러나 수천, 수만 건에 달하는 비정상적인 행태는 단 한 건도 정상화된 흔적이 없다.

국가개조를 하자고 외쳤다. 대처, 클린턴 식으로 작은 정부를 만들어 경제를 살리자는 핵심적인 개혁 정책인데, 작은 정부는커녕 큰 정부로 바뀌고 있다. 고용률을 70%까지 끌어올려라, 성장률을 4%까지 올려라 하는 등의 정책이 2~3일도 안 돼 입안돼서 보고됐으나, 고용률은 한때 60% 선 아래로 밀렸고 성장률은 2% 선에서 맴돌고 있다. 경제개혁 정책의 기본 원리도 모르고 책상머리에서 만들어 낸 정책, 그것은 국기를 문란케 하는 정책이었다. 창조경제가 한국 경제를 악화시켰다는 단적인 증거로 나타났다.

금융개혁을 하라, 대기업의 방송채널 독점을 막아라 하는 지시도 여러 번 떨어졌다. 그러나 모두 메아리 없이 허공 속으로 사라져 버렸다. 세상에 이렇게 좋은 정책들이 이렇게 많이 쏟아져 나왔는데, 단 하나의 예외도 없이 모두가 실패사례로 기록될 수 있을까?

그도 미래부는 창조경제를 할 수 없다는 느낌을 갖게 된 듯싶다. 그래서인지 인터넷 사이트인 창조경제 타운과 창조경제 혁신센터를 만들었다. 둘 다 매우 좋은 구상이다. 그러나 창조경제는 정부가 하면 덧난다. 활동무대는 사이버공간이다. 자유와 창의에 의해 움직이는 ICT, 소프트웨어, 벤처산업은 정부가 끼어들어 참견하고 규제와 간섭을 시작하면 죽음의 계곡으로 떨어져 버린다. 기업 활동 무대를 자유와 창의가 최대한 발휘될 수 있는 곳, 관료주의와 규제주의가 침투할 수 없는 곳으로 옮겨야 한다. 그곳이 사이버공간이다. 그런 의미에서 박근혜가 사이버공간에 창조경제 타운을 만들기로 한 것은 매우 적절한 판단이다. 그러나 또 큰 실수를 했다. 사이버공간에는 정부가 접근하면 안 되는데 타운의 관리와 운영을 관료 조직에 맡겼다. 창조경제 타운이 잘될 턱이 없었다. 그래서 최고의 아이디어가 최악의 실패를 몰고 온 것이다.

창조경제 혁신센터도 아이디어는 좋았다. 그러나 대기업, 전경련은 금기사항이다. 그런데 정부는 또 금기를 범했다. 그러니까 창조경제가 해서는 안 될 일들만 골라서 하는 모양새가 됐다. 창조경제 관련 사업은 하는 것마다 모두 실패하는 이상한 징크스를 남겼다. 창조경제 얘기가 나오면 국민은 피곤해한다. 관료들은 냉소하고 있다. 언론은 비웃고 있다. 마침내 최고의 창조경제는 최악의 실패작이 됐다.

창조경제의 실패가 몰고 온 후폭풍은 실로 가공할 만한 것이었다, 창조경제가 성공했다면 우리 경제는 일자리가 크게 늘고 4~6% 성장할 수 있었다. 국민 소득은 3만 달러 선, 주가는 3천 선을 훌쩍 넘었을 것이다. 그러나 이 시대 최고의 경제 살리기 모델인 창조경제의 실패로 우리 경제는 일자리가 늘지 않고, 성장률도 추락하여 오늘처럼 참담한 상태로 전락해 버렸다.

2008년, 뉴욕발 금융위기가 터진 후 세계 각국 경제가 모두 비실비실하고 있는데 유독 미국 경제만 활기차게 뻗어나가고 있다. 왜 그럴까? 미국은 창조경제에 성공한 나라이기 때문이다. 클린턴 대통령 때 일으킨 ICT, 소프트웨어, 벤처, 생산적 복지 등 창조경제 부문이 활기차게 뻗어나가고, 성장률이 올라가고, 주가가 하늘 높이 치솟고 있다. 그래서 미국은 말도 안 되는 양적 완화 정책을 이제 청산하려 하고 있다. 다만 양적 완화 정책의 종료가 다른 나라에 충격을 줄까 조심하고 있을 뿐이다.

김대중 정부는 미국의 사례를 벤치마킹해서 IT, 벤처, 생산적 복지정책을 들여왔다. 이런 혁신적인 정책은 IMF 외환위기를 극복하는 데 큰역할을 했다. 외국에서는 찬사가 쏟아져 나왔다. 그러나 관료주의, 규제주의, 그리고 금융기관의 배신행위 때문에 혁명적 개혁 정책은 맥을 잇지 못했다. IMF 외환위기 때 한국의 금융기관은 모두 부실화되어 외국인의 손에 넘어가게 됐다. 이때 김대중 대통령은 165조 원의 공적 자금을 투입해서 쓰러져가는 은행들을 살려냈다. 이때 제일은행은 헐값에 외국인의 손으로 넘어갔다. 그러나 이렇게 기사회생한 은행들은 IT, 벤처산업을 매도하고 벤처산업 지원을 거부했다. 은혜를 원수로 갚은 것이다.

그럼 박근혜가 제시한 창조경제와 일자리 창출 정책은 왜 실패했을까? 계속해서 강조하지만, 인사를 잘못했다. 관료주의를 척결하지 못했기 때문이다. 또한, 금융개혁에 실패했기 때문이다. 결국 리더십 문제로 귀착된다. 이 시대 최고의 경제 살리기 모델인 창조경제와 일자리 창출 정책은 그가 제시한 것이다. 또, 규제혁파, 관료주의 척결과 같은 10여 개의 실행 정책도 제시했다. 실행 정책 또한 최고의 경제 정책이었다. 그러나 모두 실패했다. 창조경제 관련 정책은 관료주의 때문에 실패한 것이다. 관료주의 국가에서 있을 수밖에 없는 현상이 나타난 것이다. 하늘의 저주를 받은 것이다.

국가 아젠다로 제시된 창조경제의 파산은 경제 정책의 파산선고로 이어졌다. 경제 정책의 파산은 결국 오늘의 경제 위기를 불러왔다. 박근혜 정부에서 경제 정책을 펴던 사람들은 아직도 경제 위기를 실감하지 못하고 있다. 새 일자리 창출이 제자리걸음을 하고 있고, 경제 성장률은 2% 선으로 떨어졌다. 2%의 저성장은 우리 경제가 이전에 경험해보지 못했던 수준이다. 이런 저성장이 오늘의 경제 위기를 불러온 것이다. 하늘의 저주를 받은 것이다.

우리나라의 소득분배는 매우 불공평하다. 상위 10%가 전체의 45%를 차지하고 있다. 이런 나라에서는 성장률이 2% 이하로 떨어지면 늘어난 소득의 대부분을 힘 있는 상위 10~20% 소득계층이 가져가 버리고 국민의 70~80%에 해당하는 소득계층은 오히려 소득이 줄어드는

가난의 재분배 현상이 나타난다. 경제가 고도성장을 할 때는 일자리가 많이 생기고, 임금소득이 늘어나면서 저소득층의 몫이 늘어난다. 그러나 저성장 때는 일자리가 줄어들고 파워게임에서 밀린 저소득층의 몫이 줄어든다. 국민의 절대 다수를 차지하는 저소득층의 생활수준은 크게 떨어질 수밖에 없다. 현 정부 들어 경제 성장률이 2% 선으로 떨어졌는데도 경제 정책하는 사람들은 근심걱정을 하지 않는다. 국가 리더십에 이상이 생겼다는 증거다.

고도성장기에서 저성장시대로 접어들 때는 정치, 경제, 사회가 불안해지고 정권이 흔들리게 된다. 이때 경제를 살려내야 정권이 안정된다. 실제로 IMF 이후 김대중 정권은 취임 첫 해1998년에는 마이너스 성장을 했으나, 그 후 4년은 여러 가지 개혁 정책이 성공하면서 6% 대의 고성장시대로 복귀했다. 특히 국제수지 흑자 기조를 확고하게 다져놓았다. 그래서 IMF 위기를 최단기간에 극복한 대통령으로 역사에 기록된다.

그 후 노무현, 이명박 정권 들어 성장률은 3% 대로 떨어졌다. 박근혜 정부 들어서는 다시 2% 대로 추락했다. 이런 저성장시대에는 저소득층이 가장 큰 손해를 보게 되어있다. 실제로 성장률이 떨어지면서 저소득층의 생활수준은 날로 악화되고 있다. 경제가 어려울 때에는 저소득층의 몫이 그만큼 줄어들기 때문이다. 그럼에도 불구하고 박근혜의 지지도는 탄핵여론이 생기기 전에는 30% 선 아래로 크게 떨어지지 않왔다. 정말 기적 같은 일이다. 그러나 성장률이 회복되지 않으면 국민적 저항에 부딪치는 것은 시간문제다.

왜 그렇게 됐는가? 리더십에 빨간 경고등이 켜져 있었다. 인사를 잘못하고 있기 때문이다. 창조경제와 일자리 창출을 국정의 최우선 정책과제로 제시해 놓고서 국정 목표를 실현할 경제부총리와 미래부 장관 인사에 연거푸 큰 실수를 한 것이다.

특히 경제부총리는 경제 정책의 사령탑에서 경제 살리기를 할 때나 위기 극복에 나설 때나 일선 지휘관 역할을 하는 사람이다. 대 전환기의 경제부총리는 권한과 책임이 막중하다. 라인 강의 기적을 설계하고 실행한 사람은 에르하르트 경제상이었다. 한강의 기적을 설계하고 진군나팔을 분 사람은 장기영 경제부총리였다. 에르하르트 수상_{라인 강의 기적 후 수상이 됨}은 박정희를 수행해서 서독을 방문한 장기영 경제부총리에게 한국 경제의 개발전략을 훈수한 사람이다. 장기영 경제부총리는 에르하르트 수상의 훈수를 전수받아 한강의 기적을 일구어낸 것이다. 박정희는 이런 걸출한 경세가를 경제부총리에 임명해서 한강의 기적을 일구어냈다.

그런데 박근혜는 이 시대의 화두였던 창조경제의 핵심적인 자리에 세간의 예상과는 전혀 다른, 경제 정책의 기본원리도 모르는 사람을 기용했다. 세상은 깜짝 놀랐다. 새로 임명된 경제부총리는 창조경제가 무엇인지 이해를 못 하고, 이해하려는 노력도 하지 않았다. 오로지 박근혜의 지시만 충실히 이행할 따름이었다. 길지 않은 재임 기간 중 그가 만들어 낸 최고의 걸작은 "고용률을 60%에서 70%로 끌어올려라" "성장률을 4%로 끌어올려라"는 지시를 주저하지 않고 수행했다는 것뿐이다. 그는 지시가 떨어지자, 불과 2~3일 만에 페이퍼 웍paper work을 해치운 초능력자다. 그러나 그것은 희극이었다. 추락하는 성장률을 4%로 끌어올리는 것이 보통 일인가? 특히 60% 선에 발목이 묶여있는 고용률을 70% 선으로 끌어올리는 것이 보통 일인가? 2~3년이 걸려도, 아니 10년이 걸려도 실현하기 어려운 프로젝트를 48시간도 안 된 사이에 뚝딱 해치우고 보고했다. 이런 부실공사 견적서를 태연하게 보고한 것이다. 그것은 거짓말을 한 것이다. 보통 속임수가 아니라 기만한 것이다. 국가 핵심정책을 가지고 최고결정권자를 속인 것은 국기 문란 행위에 속한다. 야당의 비판보다는 심복인 고위공무원의 배신행위가 국기문란 행위다. 그런데 박근혜는 이런 국기문란 행위를 보고도 아무런 반응을 보이지 않았다.

두 번째 경제부총리는 진짜 박근혜의 복심이었다. 의욕도 대단했다. 그는 초이 이코노믹스라는 말이 나올 정도로 경제 살리기에 정열을 쏟아 부었다. 그러나 넘치는 의욕은 창조경제와는 정반대 방향으로 내닫고 말았다. 창조경제가, 아니 한국 경제는 몸살을 앓는 신세가 됐다.

그는 케케묵은 양적 완화 정책을 꺼내들었다. 미국은 구시대의 양적 완화 정책을 거두어들이려고 하는데, 우리는 뒤늦게 양적 완화 정책에 뛰어든 것이다. 경제가 제대로 굴러갈 턱이 없다. 금방 골병이 들어 버렸다. 경제 관료와 정부 주변 기관에 자신의 인맥을 구축한 것 외에는 별로 하는 일 없이 풍파만 남긴 채 총선을 계기로 정계에 복귀해 버렸다.

박근혜는 3번째 경제부총리를 기용했으나, 이미 심각한 단계에 있는 경제 위기를 극복하기에는 역부족이었다. 때마침 다가오는 레임덕 현상과 맞물려 위기는 증폭될 수밖에 없게 됐다. 이 밖에도 정부의 경제 정책은 매우 쩨쩨하게 세계 경제 흐름과는 반대 방향으로, 그리고 안 되는 것만 골라가며 하는 모양새가 돼 버렸다.

박근혜 정부의 경제 정책은 무늬는 화려하지만 색깔이 없는 정책이 됐다. 근본부터 무너져 내리고 있다. 응급처방을 해도 찔끔찔끔해서 약발이 서지 않는다. 10년 넘게 지속된 국제수지흑자, 3,700억 달러에 달하는 외환보유고, 안정기조 유지, 재정건전성 유지, 얄팍한 금융건전성에 도취되어 일자리가 줄어들고, 성장률이 떨어지고 빈부 양극화가 심해진다. 경제 기반이 흔들리고 있는데도 경제 정책은 우왕좌왕, 갈팡질팡하면서 컨틴전시 플랜Contingency Plan, 비상 계획도 마련하지 못하고 있다.

게다가 재정 정책, 금융 정책은 세계 경제의 흐름과 정반대 방향으로 흘러가고 있다. IMF때 혼쭐이 난 경험 때문에 재정 정책, 금융 정책에 신축성이 없고 응급처방을 해도 약발이 서지 않는다. 미국, 일본, 영국 등 세계 주요 국가는 국가부채 비율이 200% 선이다. 이들은 마이너스 금리도 마다하지 않고 경제 살리기에 매진하고 있다. 우리나라는 국가부채 비율 45% 선을 고수하며, 저금리 절대 사절로 일관하는 등 융통성이 전혀 없고 실기를 거듭하고 있다. 특히 유일한 대안인 창조경제의 파산으로 국가 경제는 위기로 치닫고 있다.

그럼 어떻게 해야 하는가? 창조경제 일자리 창출 말고는 대안이 없다. 21세기 세계 경제 살리기의 유일한 대안인 창조경제 일자리 창출 정책을 제시한 창조경제의 종주국이 이 무슨 창피스런 짓인가. 창조경제 말고는 일자리를 만들어 낼 방법이 없다. 창조경제 말고는 경제를 살려 낼 방법이 없다. 관료주의와 규제주의가 폐기처분한 창조경제를 다시 살려내는 것 말고 다른 방도가 없다. 성공사례인 미국을 벤치마킹해야 한다.

오늘날 미국경제가 강한 것은 창조경제가 강하기 때문이다. 70년대 말부터 미국경제는 10년 앞을 내다볼 수 없는 위기의 경제였다. 그런데 레이건 대통령이 컨트롤러 파업을 기회로 삼아 노동쟁의를 뿌리 뽑아 제기의 기틀을 마련했다. 이어 빌 클린턴 대통령은 IT, 벤처산업을 일으키고 생산적 복지 정책, 즉 창조경제를 해서 아메리칸 르네상스를 일구어 냈다.

클린턴 이후 부시 정부는 소위 양적 완화 정책에 치중해서 창조경제는 잠시 시들해졌으나 2008년, 9.15 금융위기 이후 다시 창조경제가 부활했다. 다른 나라는 모두 양적 완화 정책 때문에 경제가 맥을 추지 못하고 있었지만, 창조경제의 기반이 튼튼한 미국경제는 다른 나라에서는 독약이 된 양적 완화 정책이 오히려 양약이 되어 창조경제를 부활시킨 것이다. 미국경제는 금융위기 때 11%까지 치솟았던 실업률이 4%대로 떨어졌다. 경제성장률은 3~4%까지 올라갔다. 다우 주가지수는 20,000선까지 치솟았다. 그래서 오바마 대통령은 레임덕 없이 민주당의 후임자에게 정권을 넘겨주게 됐다.빌 클린턴은 과열 경기를 진정시키기 위해 고금리 정책을 써서 자당의 엘 고어 후보가 낙선한 계기를 만들었다 오바마 대통령이 레임덕 없이 퇴임을 맞게 된 배경은 일자리혁명에 성공했기 때문이다. 취임 때 11%를 넘었던 실업률이 지금은 4% 이하로 떨어졌다. 주가는 1만 1천 선에서 1만 8천 선을 넘어섰다.

그럼 우리는 창조경제와 일자리 창출 정책을 어떻게 살릴 수 있는가? 간단하다. 대통령의 리더십이 복원돼야 한다. 리더십의 복원은 잘못된 인사를 바로잡는 데서 시작돼야 한다. 인재는 많다. 다만, 인재를 찾는 지도자의 노력이 모자랄 따름이다. 그 다음은 창조경제와 일자리 창출 정책이 관료주의와 규제주의의 질곡에서 벗어나도록 해야 한다. 지금은 디지털 시대, 스마트폰 시대, 방통융합 시대, 인공지능 시대, 제4차 산업혁명 시대, 제4차 일자리혁명 시대이다. 4차 혁명의 핵심 콘텐츠는 인공지능과의 융·복합이다. 인공지능을 활용해서 산업과 산업,

기술과 기술의 융·복합을 이끌어내고, 다시 알고리즘을 만들어 빅 데이터, SNS, SOC표준직업분류 등을 활용해서 일자리를 발굴하고 교육·훈련시켜 취업·창업토록 하면 정부 주도의 아날로그식 교육·훈련이 필요 없게 된다.

디지털 시대, 스마트폰 시대, 방통융합 시대, 인공지능 시대에는 정부와 공공기업, 대기업에서 나온 일자리를 상대로 오프라인에서 스펙을 쌓고 교육·훈련시켜 격심한 경쟁을 뚫고 일자리를 찾게 하는 시대가 아니다. 좁디좁은 오프라인 세상, 아날로그의 틀에서 벗어나 넓고 넓은 온라인 세상, 사이버공간으로 일자리 창출 무대를 옮겨야 한다. 관료주의, 규제주의의 간섭을 받지 않고 사이버공간에서 자유롭게 능력과 기호에 맞는 일자리를 찾아가는, 인공지능 일자리 창출 시대가 온 것이다. 이미 방통융합 콘텐츠는 실용화됐다. 이어 인공지능 활용 방통융합 일자리 창출 콘텐츠가 개발되어 실용화 단계에 와 있다. 주저하지 말고 경제 정책을 대전환할 때다. 대전환은 곧 죽은 창조경제 살리기와 맥락을 같이한다.

바야흐로 죽은 창조경제를 살려 낼 수 있는 분위기가 무르익어 가고 있다. 2년 전2014년 미래부와 창의재단은 사이버공간에서 창조경제와 일자리 창출을 할 수 있는 최고의 콘텐츠인 "방통융합 활용 창조경제 일자리 창출 기반조성사업"을 무려 30여 가지의 규제, 감시, 감독 규정을 총동원해서 시범사업조차 할 수 없도록 하고 본예산은 국고에 반납해 버렸다.

그런데 2017년 예산안에는 국가에 반납한 방통융합 활용 창조경제 일자리 창출사업의 핵심 콘텐츠인 맞춤교육·훈련사업, 일자리 창출 원스톱 서비스 사업, 그리고 창조 일자리 발굴·창출과 맞춤교육, 원스톱 서비스 사업을 아우르는 JOB 포탈 사업 예산을 수천억 원 반영해 놓고 있다. 그동안 미래부·고용부에서 수차례 폐기처분한 사업을 예산실이 살려낸 것으로 보인다.

아무튼 예산에 반영된 죽은 창조경제 살리는 사업만 정확하게, 그리고 공정하게 집행하면 죽은 창조경제는 되살아날 수 있다. 지난 2년 동안 "방통융합 창조경제" 콘텐츠 개발자는 "인공지능 활용 방통융합 일자리 창출 콘텐츠"를 개발해 냈다. 인공지능 콘텐츠는 예산사업이 없는 일자리 발굴·창출 콘텐츠를 개발·보유하고 있다.

다만, 이런 경제 살리기 핵심사업이 기존 미래부, 고용부의 관료주의자의 손에 맡기게 되면 집행과정에서 망가져 버린다. 대통령은 창조경제를 살릴 수 있는 마지막 기회를 살려야 한다. 마지막 기회를 살리려면 리더십이 복원돼야 한다. 리더십을 복원하려면 인사혁명을 해야한다. 인사혁명은 대통령의 고유권한이다.

16

〈충격고발〉 창조경제가 안 되는 이유 500가지

나는 창조경제 하기 전까지는 골프를 자주 쳤다. 창조경제 하느라고 골프를 그만두었다. 시간도 안 나고 경제적인 여유도 없었기 때문이다. 그런데 골프 하는 사람들은 골프를 착각 속에서 한다. 그들은 대개 자신이 골프를 잘 치는 것으로 착각하고 있다.

기실 골프 핸디라는 것이 노터치, 노기브로 가장 잘 친 스코어를 말하는데 애버리지 골퍼들은 자신의 핸디를 애버리지 스코어로 착각하고 있다. 그래서 스코어가 핸디에 미치지 못하면 여러 가지 이유를 대기 시작한다.

술을 마셨다, 밤잠을 설쳤다, 마누라와 다투었다, 아침을 많이 먹었다, 운전을 하고 왔다···. 그 이유가 500가지나 된다고 한다.

안 맞는 이유 500번째가 가까워지면 가장 자주 쓰이는 말- 오늘은 이상하게 안 맞는다…. 그리고 진짜 마지막으로 내뱉는 말- 웬일이니?

창조경제가 안되는 이유도 500가지는 될 성싶다. 그 좋은 창조경제가 꼭 잘돼야 되는데 안되고 있다. 정상적이라면 다 잘되게 돼 있는데 안되는 경우가 많다. 심지어 될 것도 안 되는 경우가 많다. 특히 이상하게 안 되는 경우가 가장 많다. 미스테리가 많다는 것. 진짜 웬일이니 하는 경우가 비일비재하다. 그래서 창조경제가 안 된다.

미래부는 국회에서 발의해서 결의한 창조경제 예산을 국회에 반납하려 했다. 걸핏하면 국회 핑계 대면서 국회가 무섭지도 않았던가? 그것은 위법이다. 국회가 용도를 명시해서 내려 보낸 예산을 마음대로 갈라먹기 하겠단다. 그것도 위법이다.

대통령은 칸막이행정 철거하라, 규제 혁파하라고 성화가 대단한데 미래부는 반대로 가고 있다. 대통령의 정당한 지시 명령을 따르지 않은 것은 명령 불복종이 되는가? 미래부는 산하 연구기관이 26개나 되는데 어느 곳 하나 고분고분 말을 듣지 않는다. 다른 부처와 분위기가 사뭇 다르다. 장·차관이 지시를 해도 그분들은 곧 그만둘 분이라며 일은 우리가 한다고 호통친다.

대통령은 분명히 창조경제와 일자리 창출을 하라고 미래부를 만들었는데, 미래부는 어디에도 일자리 관련부서가 없고 일자리 창출은 자신들의 업무가 아니라고 당당하게 말한다. 참 이상한 사람들이다.

창조경제 하느라고 미래부와 접촉하다 보면 이상하게 일이 안 된다.

웬일이니… 하는 탄성이 저절로 나온다. 그런데 미래부 뺨치게 이상한 일을 하는 곳이 있다. 창의재단이다.

가장 논리적이고 가장 과학적인 창조경제 일자리 창출을 해야 하는 미래부에서 논리에 맞지 않고, 이치에 맞지 않고, 비정상적이고, 불가사의한 미스테리가 너무너무 많이 터져 나오고 있다.

특히 대통령이 국가 혁신사업으로 정열적으로 추진하고 있는 창조경제 일자리 창출 사업을, 보신주의와 복지부동으로 무력화시키고 있다. 웬일이니 하는 소리가 자주 터져 나오는 것은 미래부가 상식에 맞지 않는 일을 많이 하고 있다는 것.

창조경제 일자리 창출의 혁명적 실행모델인 방통융합 활용 일자리 창출 콘텐츠에 대해서도 "하기 싫은 일을 미래부가 하라고 해서 한다." "입찰하면 시끄러우니 입찰하지 않고 수의계약 하는 방법을 찾자." "입찰하면 40일 걸린다." 등등 입찰하면 무슨 이권을 주는 것처럼 개발자를 궁지로 몰아넣는다.

방통융합은 미래의 방송통신 산업을 이끌어갈 차세대 미디어 산업이다. 일부 방송에서 방통융합, 양방향 콘텐츠를 개발·활용하고 있다고 홍보하고 있으나 연예·예술·홍보 부문에서 부분적으로 활용되고 있는 것을 과대포장하고 있는 것에 불과하다.

진짜 방통융합은 JBS 일자리방송이 미래부·창의재단에서 공인받은 두 번씩이나 입찰심사를 통해 우선협상자로 선정 '방통융합 활용 일자리 창출 기반

조성사업'이 최초다. 이는 스마트폰, 페이스북보다 한 발 앞선 차세대 미디어혁명을 일으킬 것으로 전망된다. 일자리혁명과 함께 수익혁명, 예산혁명도 가져올 수 있다.

창의재단은 이런 혁명적 콘텐츠를 개발한 JBS가 방통융합 콘텐츠 사업을 할 수 없도록 온갖 트집을 잡아가며 훼방 놓고 있다. 무엇보다도 돈이 없는 사람은 아무리 좋은 콘텐츠를 개발했어도 그 사업을 할 수 없다고 못 박았다. 비록 대통령의 핵심사업이건 핵심 국가사업이건, 돈 없는 기업, 재무구조가 나쁜 기업에는 예산지원을 할 수 없다는 것이다.

우선협상자로 선정된 콘텐츠 개발자가 자금사정이 어려우면, 발주자는 먼저 개발자가 제시한 콘텐츠의 내용을 재검토해야 한다. 콘텐츠가 좋으면 정부가 지원하든가, 개발자와 함께 머리를 맞대고 문제 해결방안을 강구해야 한다. 또 돈이 없어 사업을 할 수 없다면 돈 있는 기업과 합작해서 사업을 하게 하는 방법, 방통융합 콘텐츠를 돈 있고 실행 가능한 사업자에 위탁해서 사업하게 하는 방법, 목적 신탁해서 정해진 곳에만 사용하게 하는 방법 등이 있는데 이런 핵심적 국가사업, 대통령 사업을 살려낼 생각은 않고 죽일 궁리만 하고 있다. 세계 어느 나라에 이런 공직자가 있는가? 그것은 직무유기에 해당된다.

콘텐츠가 신통치 않으면 개발자가 자체 해결토록 유도하는 것이 정상적이다. 그런데 창의재단은 반대로 자금난을 우선협상자의 약점으로 활용, "우선협상자가 아니다." "재심사하겠다." "사업을 반납하겠다." "지급된 사업비가 본 사업에 투입되지 못하고 채무해소에 사용될 가능성이 높다." "재단 계약 건에 대한 가압류가 예상된다." "사업비 지급은 후불제로 한다." "2015년 지정 사업으로 하자." "타 방송사 통해 배정하자." "계약이행 능력에 심각한 하자가 있다." 등등, 핵심인 콘텐츠는 보지도 않고 부수적인 문제를 붙들고 늘어지면서 창조경제의 핵심인 방통융합 사업을 수행할 수 없게 만들어버렸다.

창의재단의 국책사업 시행자 선정과정을 보면 정말 웃기는 짓을 한다. 사업 책임자의 학력·경력, 재무구조 같은 것에 일일이 점수를 매긴다. 그러나 사업의 실현가능성, 성과실적은 건성건성 넘어간다. 어차피 실현가능성은 없다고 보는 것 같다. 방통융합 일자리 콘텐츠의 경우 차세대산업이어서 그동안 감도 잡지 못한 것 같다. 성과실적이 기존 방식보다 10배, 20배가 된다 해도 관심도 갖지 않는다. 오로지 임금체불, 압류에만 관심 갖고 이를 빌미로 세상을 바꾸어놓을 수 있는 콘텐츠를 구박하고 박해하면서 사업을 할 수 없도록 만들어버렸다.

창의재단이 트집 잡고 시비 거는 사이 협력업체, 지원업체, 퇴직사원들이 다 뛰쳐나가 압류하고 소송하고 비방하면서 사업을 어렵게 만들었다.

만일 창의재단이 정상적으로 사업자선정을 했다면 지금쯤은 방통융합 콘텐츠가 본격적으로 일자리 창출을 시작해서 많은 성과실적을 내어, 추경을 편성하는 일도 없었을 것이다.

대통령은 '비정상의 정상화'를 기회 있을 때마다 수없이 강조하고 있는데, 창의재단은 '비정상의 일상화'로 치닫고 있다. 이것이 창조경제의 현주소다. 그런데 문제는 박근혜가 여러 번 강조했는데도 이런 비정상화가 전혀 개선되지 않고 있다는 점이다. 그래서 대통령의 권위가, 대통령의 리더십이 소리 없이 추락하고 있다.

방통융합 콘텐츠가 어떤 사업인가? 창조경제 일자리 창출 정책을 살릴 수 있는 핵심 콘텐츠다. 대통령은 창조경제 일자리 창출 사업을 촉진시키기 위해 비정상의 정상화 등 실행정책지침을 제시했다. 방통융합 콘텐츠는 창조경제 실행정책을 실행하는 콘텐츠- 즉 창조경제를 살리는 콘텐츠다. 창조경제를 살리면 우리 경제가 위기에서 벗어난다. 그래서 방통융합 사업은 오늘의 경제위기를 극복할 수 있는 핵심사업이다. 그러니까 본질과 관계없는 사소한 절차상의 문제를 트집 잡아, 콘텐츠 개발자가 방통융합 사업을 할 수 없게 만들어버린 창의재단은 경제위기극복 기회를 말살한 것이다. 결국 대통령의 창조경제 일자리 창출 정책을 결정적으로 훼방 놓고 있는 것이다. 나는 법을 싫어하지만 그런 사보타주는 미필적 고의에 의한 업무상 배임에 해당되지는 않을까?

국가와 국민에게 큰 죄를 진 것인데 당연히 퇴출돼야 할 사람들이 승진하고 포상 받는 세상이 돼버렸다. 창조경제가 잘 될 턱이 없다. 창조경제가 안 되면 나라경제가 죽을 쑤게 된다. 지금 우리 경제가 그런 상태에 있다.

방통융합 같은 혁명적인 콘텐츠가 제시되면 미국에서는 정부, 금융기관, 민간기업 할 것 없이 물불 가리지 않고 앞다투어 덤벼들어 콘텐츠가 살아나도록 지원한다. 소중한 콘텐츠를 살려내서 널리 보급, 전파되도록 지원한다. 그래서 미국에서는 실리콘밸리, 즉 창조경제가 잘된다. 그래서 미국경제는 1인당 소득 5만 달러 수준에서도 경제활력이 넘쳐흐른다.

그런데 창의재단은 기적의 요술상자- 세계 최초의 방통융합 콘텐츠를 활용할 수 없도록 체계적으로 훼방 놓았다. 이것이 정상인가? 세상에 이런 일이 있을 수 있는가? 대한민국 정부의 창조경제 관리능력이 이런 수준이라면, 선의의 피해자를 막기 위해 지금이라도 창조경제 일자리 창출 정책은 접어두는 것이 좋다.

창의재단 경영기획 단장은 혁신적 콘텐츠의 내용은 거들떠보지도 않고 사업자금이 빚 갚는 데 쓰일 우려가 있다며 계약체결도, 사업자금 지급도 거부했다. 고양이가 쥐 생각하는 것 같다. 이런 것은 정당한 공무집행이 아니라 공무집행 방해죄에 해당된다. 미래부가 빨리 집행하라면 재단은 공식문서로 지시해 달라고 태연하게 말한다. 방통융합 모델이 너무 우수해서 이를 견제하려는 것인가? 아니면 일자리방송이 미워서 망하게 하자는 것일까?

창의재단이 일자리방송 견제하는 와중에 나라경제가 거덜 나고 있다. 그러나 정부경제 정책하는 사람들에서는 이런 설명을 들으려고 하지도 않는다. 아니 기피한다. 더러는 안 되는 일 그만두라고 핀잔을 준다.

그 흔한 공청회다, 토론회다 하는 것도 기피한다. JBS는 방통융합 모델 관련 토론회 한 번 갖는 것이 소원이다. 이런 분위기 속에서 진짜 창조경제 일자리 창출 정책이 나올 수 있겠는가? 그래서 일자리정책은 지금 국정의 변두리에서 방황하고 있는 것이다. 기득권층의 저항, 보신주의, 칸막이행정, 관료주의 절벽에 막혀 빛을 보지 못하고 있는 것이다.

규제 혁파와 기득권 포기를 촉구하는 의미에서 미래부와 창의재단이 추진한 '전천후(U)-창조경제 일자리 창출 국민생활화 플랜'의 업무추진 일지를 공개한다.

「전천후(U)-창조경제 일자리 창출 국민생활화 플랜」 업무추진 일지

- 2014년 01월 01일 04시- 전천후(U) 일자리 창출 국민생활화 플랜 예산 25억 원 국회통과
- 01월 03일- 회장, 부사장, 미래부 윤종록 차관 새해인사 차 방문·미팅→정승 사무관에게 집행계획 지시
- 02월 11일- JBS잡포털, JBS창조일자리센터CJC센터 구축운영 공동사업 협약서 체결JBS-SM엔터프라이즈, 투자규모 20억6천8백만 원
- 02월- 미래부 제2차관 쪽에서 본 사업 예산반납 거론
- 03월- 미래부 제1차관으로 업무이관
- 03월 중순- 기재부 예산실 연구개발과장, 창조경제 일자리 창출 위해 미래부 이상목 1차관 및 강상욱 창조경제기반과장에게 예산 조기집행 요청→4월 말까지 집행 약속
- 03월 31일- JBS, CJC센터 구축을 위한 정관 변경 및 직제 변경CJC구축

- 04월 27일- CJC센터 구축을 위해 사무실 확장 이전_{마포→가산디지털단지}
- 05월1일- 강상욱 과장, 이우진 서기관 전천후(U) 일자리 창출 국민 생활화 플랜→「6개월 챌린지 플랫폼」 사업보고서 마련- 중소기업인 50명에게 1천만~1억 원씩 나누어주는 방식_{예산항목 변경 및 유용에 해당돼 스스로 철회}
- 강 과장 창조경제기반과 국민생활화 플랜 집행 사보타주→ 창조융합기획과로 소관 변경
- 미래부 국민생활화플랜 예산을 과학진흥기금에 편입, 운용방향 검토→ 기재부 예산실 불용 판정으로 포기
- 05월 당사_{국민생활화 플랜 실행계획에 맞추어} 인사개편
- 창조경제 할 수 있는 인력중심 개편
- 유길영 사장 인사개편에 반발, 업무방해 시작_{편 가르기 주도}
- 06월 자금난 심화- 내부 균열 시작- 봉급 50% 지급
- 07월- 창조융합기획과장의 노력으로 사업추진 본격화→ 사업추진 주체 NIA에서 창의재단으로_{7월 말}
- 기재부에서 미래부에 국민생활화 예산이 집행되어 사업시작이 예정되었으나, 미래부의 계획 차질로 회사경영 큰 차질_{난기류 속으로}
- 미래부 담당관_{창조융합기획과장}이 산하기관인 창의재단에 일자리 창출 과업 수행위탁을 의뢰
- 창의재단_{경영기획단장} 못 하겠다고 사양_{예산이 너무 크다, 재단이 제안한 사업이 아니다 등의 이유}
- 미래부에서 창의재단에 재차 과업수행을 위탁→ 결국 수용

- 07월 중순 자금난 심화 속- 유 사장 직무 유기- 자금관리 사보타주- 쿠도·파워네트워크의 상환재촉을 뒤로한 채, 7월 24일 쿠도 가압류에 때를 맞춰 이학웅과 함께 휴가 떠남가압류는 곧 담보설정으로 대체
- 07월 16일- 미래부 신임장관 취임
- 07월 26일- 미래부 제1차관에 이석준 차관 취임- 국민생활화플랜 추진 활기
- 08월- 과업수행 범위와 공모방안 논의일자리방송+지상파+잡포털+SNS
- 공모제안 요청서 작성하여 보냄
- 성과실적과 준비된 사업자의 경쟁력을 높이기 위해 '방통융합을 통한 전천후 일자리 창출' '일자리방송+지상파+잡포털+SNS' '저작권 우대' '벤처기업 우대'를 강조해도, 재단의 경영기획단장은 과업의 본질에는 관심 없이 지상파 방송만 하자고 주장신이섭 단장- MBC만 끌어들이면 금방 해주겠다
- 미래부 산하 정보화진흥원NIA의 검찰수사로 업무협의 잠정 중단
- 미래부 인사단행- 담당관이석래 과장에서 구혁채 과장으로 교체
- 08월 04일
- 당사의 회장 주재 사원회의에서 임시임금 협약 합의
- 08월 06일 유 사장, 이학웅의 충동질로 협약 파기- 고용부에 집단 진정
- 08월 중순
- 창조일자리 창출사업 본격화하려는 순간, 미래부 출연기관NIA의 비리수사로 신규업무 중단사태

- 08월 말~9월 미래부 인사단행

- 창조융합기획과장 이석래→ 구혁채 과장으로 교체

- 국민생활화플랜 사업 다시 요동

- 국민생활화사업이 지연되고 혼선을 빚자 협력업체, 금융기관, 퇴직사원 등 크게 요동→ 9월 28일 파워네트워크 가압류 단행, 10월 들어서는 퇴직사원들도 압류

- 09월- 신임 담당관구혁채 과장 지휘하에 업무협의 재개

- 창의재단경영기획 단장과 공고기간으로 옥신각신

- 재단의 단장은 감사원 감사를 핑계되며 공고기간을 40일 주장

- 감사원 관계자에 문의한 결과 '공고기간을 40일로 해야 한다는 규정 없다' 확인

- 단장은 공고 안 하는 방법으로→ YTN으로 배정받아 시행방안을 제안→ 기재부에 2015년 지정사업으로 신청하는 방안을 제안

- 당사는 비정상적인 방안을 거절. 제발 이런저런 핑계로 시간 끌기하지 말고 하루 속히 공고를 내서 본 사업에 참여할 수 있는 기회를 달라고 수십 번을 간청함

- 하지만 이런저런 이유를 달아 재단의 시간 끌기 계속됨

- 재단의 시간끌기로 공고가 늦어지자 9월 28일 파워네트워크, 퇴사직원들의 가압류사태 발생

- 10~11월- 재단은 그동안의 여러 가지 이유로 시간끌기를 하다가 이석준 차관의 지시로 공고

- 10. 22~11. 12일 : 자유경쟁입찰 1차 공고법정 공고기간 20일→ 단독입찰 됨

- 10. 13~11. 24일 : 자유경쟁입찰 2차 재공고_{공고기간 10일}→ 단독입찰 됨
- 당사는 자유경쟁입찰 규정을 준수하여 수행계획서를 제안하였고, 이 과정에서 당사는 시행령 27조에 의거하여 단독입찰 선정 및 수의계약 당사자가 됨
- 하지만 재단은 수의계약 당사자가 됐음에도 일체의 사실을 통보해주지 않았음
- 심지어 재단의 실무 담당자 김태윤 과장은 당사가 단독입찰 선정에 의해 수의계약 당사자임에도, 선정자에 대한 최소한의 배려나 설명 없이 일방적으로 지시
- "단독입찰 대상자일 뿐 우선협상 대상자가 아니니 추가서류인 편성확인서를 제출해라." "심사위원들의 재심을 받아야 한다." "지금 결정 난 것이 아무것도 없다." "재심에서 평가가 안 좋으면 탈락할 수도 있다." "재심을 통과하지 못하면 다시 재공고를 내서 재입찰을 해야 한다. 아니면 사업을 반납할 수도 있다." 등의 발언을 서슴없이 하면서 자유경쟁 입찰에서 당당히 선정된 JBS를 무시
- 이는 본 사업수행에는 관심도 없는 채 '갑'질만 하는 공무원들의 전횡이라 할 것임
- 이런 와중에서 당사는 11월 26일 재단의 최종 재심_{프레젠테이션}에 응함
- 대표이사, 부사장, 플랫폼 본부장, 편성팀장 동참
- 프레젠테이션에서 심사위원들은 사업의 타당성, 가능성, 정당성에 대해서는 아무런 질문도 없이 예산실에서는 방송사업만 하라고 했는데 왜 U플랫폼, CJC센터, 5,000명 일자리 창출, 성과실적 등 방송

외의 사업을 하느냐는 엉뚱한 질문^{방통융합을 통한 일자리 창출 및 대단한 성}

과실적에 대해 이해가 모자란 듯

• 12월- 재단은 2번에 걸친 자유경쟁 입찰과 재심을 통과하여 당사가

우선협상 대상자임을 승인함

- 하지만 이번에는 당사의 재무상태와 채권압류 문제를 트집 잡아 예

산집행 방식으로 시간을 끌면서 계약을 미룸

- 창의재단이 계약을 미루자 이번에는 압류자, 협력업체, 금융기관들

이 협력을 기피하여 JBS는 새로운 위기에 직면

- 계약이 체결되어야 위기에서 벗어날 수 있음

김태윤 선임연구원- 실무 담당 끝없는 요구 간섭

1. 우선협상사업자 선정해 놓고 재무상태 나쁘다

- 은행문의, 압류, 임금체불, 대표부채과다

- 계약 미루고 트집

2. 김태윤 선임연구원 주문

<u>재단 측 제안 JBS 요망</u>

창의재단 지급방안	JBS 요망
착수금 10%	→ 30%
첫방송 10%	→ 50%
12회 30%	

18회 30%　　　　　　　　　　　　　　　→ 20%

24회 20%

※ 〈MBC는 50% : 50% 강력요구〉 재단 측 제안은 방송사업 관행에도 없고 상식에도 어긋난 것

- 방영시간 저녁시간대로 하라
- 시청률 5% 유지
- 자문위원 실무자로
- 재단의 제안을 수용하면 내주 수요일께 계약한다 등

3. 표준계약서에 추가

- 예산 과업수행에만 쓴다 유용하면 계약해지, 형사고발
- 추가예산 지원 없다
- 계약 후 사용한 예산만 인정
- 압류 풀고 임금체불 해소하면 재검토
- 무식한 조건
- 우선협상자 지정했으면 당장 지원해야
- 적극 지원하면 사업수행 잘되고 압류, 체불임금 해소
- 출자·융자 뒷받침
- 창의재단 실무자들의 말 바꾸기
- 꺼져가는 창조경제 불씨 살릴 궁리는 않고 창조경제 흠집 내기에
  열중

- 재심사 한다 안 한다, 단독입찰이다 아니다, 우선협상자다 아니다
- MBC확인서 나오면 무조건 해준다 해가며 시간 끌기
- JBS사업수행자에 상식 이하의 조건 수용 강요
• 단독입찰 대상자로서 후속조치로 MBC 편성확인서 수령 지시
- MBC 편성확인서 수령해서 제출
• 일자리방송이 우선협상 대상자가 됨을 공식 시인
• 표준계약서에 추가사항 지시
- 예산 과업수행에만 쓴다
- 추가예산 지원 없다
- 계약 후 사용한 예산만 인정
- 압류 풀고 임금체불 해소하면 재검토
• 당사의 채권 압류사실을 공증 받아 제출하라고 지시
- 채권압류 사실 공증 받아서 제출
- 변호사 자문을 구하겠다고 통보→ 법적 하자 없다는 변호사 의견서
  → 자문결과 통보하자 재단 측은 변호사를 초청 담당자 연석회의
  를 열고 더욱 혹독한 압박을 가함→ 압류 해소 못 한 것은 계약이행
  능력에 심각한 하자가 있다, 계약체결과 동시에 재단계약 건에 대
  한 가압류가 예상된다, 지급된 사업비가 본 사업에 투자되지 못하
  고 채무 해소에 사용될 가능성이 높다, 정부예산의 집행·관리자로
  서의 의무를 다해야 하는 재단의 입장을 고려해 달라 등등 매우 위
  협적인 공문을 보내옴2014. 12. 23.
- 세부예산 뽑아서 보내라고 해서 다시 세부예산 제출

- 전문기관의 검수를 받으라고 해서 지정한 검수 기관에 자료 제출
- 자문위원 수정지시해서 수정하여 제출
- 자신의 선을 떠났다고 계약부서와 협의하라고 발뺌
- 압류를 풀기 전까지는 계약할 수 없다고 강변

신이섭 경영기획단장

- 착수금 10% 해서 총 10회에 나눠서 집행하겠다고 함
- 통장에 채권압류가 된 상태에서 당사에 바로 지급이 불가하니, MBC와 3자 계약을 하게 되면 MBC 측에 착수금 50% 이상도 지급 가능하다 함
- 변호사 자문을 구한 결과 - 제3자 채권압류가 되면 재단의 사업예산 집행이 어려운 바, 당사의 가압류를 풀어야 계약가능하다고 통보함재단 계약 건에 대한 가압류 불가능
- 당사가 MBC와 3자 계약 합의를 끝낸 상태에서 재단에서는 일방적으로 MBC는 입찰 대상자가 아니기 때문에 3자 계약 불가하다고 통보
- 본 사업의 본질을 떠나 지엽적인 사항을 문제 삼아 계약을 미루고 있는 재단의 주장에 맞서, 당사는 가압류가 계약체결과는 무관하다는 법률자문을 구함
- 당사의 변호사 의견서 재단에 제출2014. 12. 24.
- 이에 재단은 자체회의를 통해 가압류를 해지하기 전까지는 계약을 체결할 수 없다고 최종 통보함2014. 12. 24.

공무원들의 규제와 칸막이행정으로 국정 최우선 정책과제인 '전천후 일자리 창출 사업'이 해를 넘긴 현재, 창조경제일자리 창출 최후의 보루인 '국민생활화 플랜' 좌초위기에 놓여 있다.

본 사업에 참여하는 담당 공직자들의 인식 변화와 적극적인 업무 수행이 요구된다.

17

창조경제의 전개과정
– 실천자 – 클린턴, 김대중, 박근혜, 시진핑

창조경제를 창조해 낸 슘페터

창조경제의 원조는 오스트리아가 낳은 천재 경제학자 조지프 슘페터Joseph Alois Schumpeter다. 그는 100년 전1912년 『경제발전의 이론』에서 "기업가가 신상품의 생산, 신생산방법의 도입, 신시장의 개척, 신자원의 획득·이용, 신조직의 구성독점 등 생산요소의 새로운 결합에 성공하면 이제까지의 균형을 깨고 경제발전이 일어난다."고 했다. 신조직 구성에는 정부와 대기업의 조직개편슬림화, 관리운영의 개선 등 개혁·혁신 경영이 포함된다.

기업가Entrepreneur는 모험적이고 개척적인 기업가정신Entrepreneurship으로 기술혁신Innovation과 창조적 파괴Creative Destruction의 과정을 거쳐 기업 발전, 경제발전을 이끌어 낸다. 즉, 기업가는 이노베이터가 되어 신기술·신상품개발, 신시장 개척, 경영조직개혁, 노동생산성의 향상 등 혁신과 창조적 파괴를 하면서 기업이윤을 창출하고 일자리를 만들어 내는 역할을 한다. 미래를 예측하는 통찰력과 새로운 것에 과감히 도전하는 혁신적이고 창의적인 정신이 기업가 정신이다. 기업가 정신이 이윤을 창출하고 기업을 발전시키고 일자리를 창출해 내는 것이다.

그러나 슘페터의 창조경제는 너무 앞서갔다. 1910년대는 전기의 발명, 과학적 공장관리 및 노무관리기법테일러 시스템, 포드의 컨베이어 시스템, 식민지 개척 및 석유, 철강 등 자원개발, 자동차, 기계발명 등 창조 경제고 뭐고 따질 겨를이 없이 바쁘게 돌아갔다. 일자리걱정도 할 필요가 없었던 시기였다.

더구나 1930년대 들어서기가 무섭게 대공황이 밀어닥쳤다. 실업자가 인산인해를 이루고 은행파산, 기업파산이 줄을 이었다. 제1차 산업혁명 이래 150년 동안 이어오던 자유방임주의가 맥없이 무너지고 정부가 개입해야 한다는 수정주의가 고개를 쳐들었다.

정부가 경제 살리기에 나서야 한다는 루스벨트 대통령의 뉴딜정책과 뉴딜정책이 성공한 것을 보고 출간된 케인즈John Maynard Keynes의 『유효수요정책고용, 이자 및 화폐에 관한 일반 이론』이 목청을 돋우었다. 슘페터와

동갑내기^{1883년생}인 영국의 경제학자 케인즈는 거침없이 토해냈다. "완전고용을 실현하기 위해서는 정부의 적극적인 개입이 필요하다." 즉 정부가 돈을 풀어 일자리를 만들어 위기의 경제를 살려야 한다고 설파했다. 이것이 소위 케인즈혁명이다.

즉, 애덤 스미스가 설정한 금기인 자유방임주의에 대한 간섭을 인정사정 두지 않고 유린해 버렸다. 이런 북새통에 슘페터의 창조경제는 발붙일 땅을 잃어버렸다. 케인즈는 A. 스미스, 데이비드 리카도, 존 스튜어트 밀, 알프레드 마샬의 순서로 이어져 온 영국의 정통 경제학파에서는 적자 노릇을 못 했다. 대공황이 케인즈혁명을 가능케 한 것이다.

그러나 케인즈혁명도 오래가지 못했다. 40년도 못 가서 발병이 났다. 1970년대 들어 세계 경제는 그동안 듣지도 보지도 못했던 괴상한 경제현상인 불황 속의 인플레, 즉 스태그플레이션이 일어났다. 정부가 아무리 돈을 풀어봐야 경제는 살아나지 않고, 일자리도 생겨나지 않고, 물가만 올랐다.

그래서 영국의 정통 경제학의 맥을 이어온 캠브리지 학파의 일각에서는 한때 경제학은 파산선고^{J. 로빈슨}를 해야 한다는 말까지 나오기도 했다.

아무튼 케인즈혁명의 열풍이 식어갈 무렵부터 슘페터의 창조경제가 부활하기 시작했다. 시장경제의 주역인 기업세계에서는 앞다투어 기업가정신Entrepreneurship, 혁신Innovation, 창조적 파괴Creative Destruction와 같은 창조경제 전매특허품들이 널리 회자되기 시작했다. 정부는 경제 살리기와 일자리 창출의 핵심정책으로 혁신, 창조적 파괴와 같은 말 등을 활용하기 시작했다.

그러나 슘페터는 정부의 관료주의와 대기업의 관료주의화를 경계했다. 관료주의는 기업가정신, 혁신, 창조적 파괴 등 창조경제를 가로막는 절벽으로 규정했다.

1번 타자는 빌 클린턴 미국 대통령

누가 뭐래도 빌 클린턴 전 미국 대통령은 이 시대 최고의 일자리 대통령으로 꼽힌다. 창조경제 논리에 입각한 일자리혁명을 통해 많은 일자리를 만들어 아메리칸 르네상스를 완성한 사람이다. 그는 아날로그 시대에 디지털 모델로 일자리를 만들어 냈다. 3차 일자리혁명 시대에 4차 일자리혁명의 문을 열었다. 투자하고 성장해서 일자리를 만들어 내던 시대에, 일자리를 먼저 만들어 내서 고용과 성장을 이끌어 냈다. 특히 창조경제 일자리를 창출해서 경이적인 실적을 올렸다. 그리고 일자리 창출 실적을 토대로 국정의 모든 난제를 말끔히 해결했다. 심지어 자신의 섹스 스캔들까지 잠재웠다.

빌 클린턴이 1992년 대통령선거에서 내건 슬로건은 매우 심플했다. "바보야, 문제는 경제야! Stupid! It's the Economy" 그는 후에 "바보야! 문제는 일자리야! Stupid! It's the Jobs"로 바꿔치기했다.

클린턴은 선거운동 때, 취임연설 때마다 일자리 창출을 내세웠다. 경제 성장률이나 1인당 GDP, 민생, 복지, 중산층 양성, 국민행복 같은 것은 입 밖에 내지도 않았다. 오로지 일자리 창출에만 매달렸다. 특히 청년 일자리 창출에 집중했다.

클린턴 대통령은 취임 후에도 일자리 창출 정책과 재정적자 해소, 복지제도 개혁을 연계해 추진했다. 일자리정책은 "실업자 관리가 아니라 재고용, 재취업이 미국경제 재건의 중심이다."는 캐치프레이즈를 내걸고 IT, 벤처산업을 일으켜 인턴 프로그램을 실행하는 등 청년 일자리 창출에 매진했다. IT, 벤처는 청년일자리 창출에 적합한 업종이다. 벤처는 경제가 어려울 때 청년 일자리를 만들어 낼 수 있는 업종이다. 그의 판단은 적중했다.

또한, 청년 일자리 창출을 지원하기 위해 학교와 직업을 연계하는 1년 인턴 프로그램 과정도 시행했다. 역시 성공했다. 우리나라는 이명박 정부 때 인턴십 제도를 도입했지만, 실패할 수밖에 없었다.

클린턴 대통령은 창조경제와 일자리 창출을 위해 작은 정부를 만들었다. 큰 정부는 창조경제의 훼방꾼이다. 정부 공무원을 줄여야 민간 부문에서 많은 일자리를 만들어 낼 수 있다. 정부 공무원 수를 줄이면 규제와 간섭은 자연히 줄어들고, 규제와 간섭이 줄어들면 그만큼 일자리 창출이 유연하게 늘어난다. 창조경제는 작은 정부, 즉 규제 완화가 필수다. 클린턴 정부는 연방정부 공무원 중 약 30%인 25만 2천 명을 감축했다. 각종 수당은 40% 줄였다. 심지어 연방정부의 리무진도 40% 줄였다. 이때 하와이에 있는 이스트웨스트센터 예산도 40% 삭감했다.

성과는 경이적이었다. 시행 첫해에 재정적자는 3,000억 달러에서 1,800억 달러로 줄었다. 퇴임하던 해2000년에는 5,590억 달러의 재정 흑자를 냈다.

클린턴 대통령은 작은 정부를 토대로 IT 벤처산업 육성과 생산적 복지정책을 두 축으로 해서 창조경제 일자리 정책을 펴나갔다. IT 벤처산업을 위해 미국 전역을 실리콘벨리화 했다. 산호세의 실리콘벨리를 원점으로 해서 콜로라도, 휴스턴, 워싱턴, 시애틀, 보스턴, 시카고 등 미국 전역으로 IT, 벤처 붐을 확산시켰다. 그는 IT 벤처산업 육성을 위해 많은 노력을 했는데, 특히 금융기관과 손발이 맞았다. 미국의 금융기관은 담보 잡고 대충 하는 전당포식 금융을 지양하고 벤처업체의 사업성을 보고 적극 지원해 주었다. 비 올 때 우산 뺏는 한국의 금융기관과는 사뭇 다르다.

복지정책도 파격적이었다. 복지정책과 실업자 지원제도 개선을 연계시켜 실업수당 및 복지 수혜자들이 정부가 지원하는 복지자금에만 기대지 않고 스스로 복지사업에 참여토록 하는 방식, 즉 생산적 복지정책을 펴나갔다. 정부가 지원하는 복지비를 절감하면서 민간부문의 모금활동을 통해 모금한 자금을 복지·교육·사회적 사업 부문의 일자리 창출에 활용토록 한 것이다. 유나이티드웨이 등 미국의 모금기관은 매년 3~4천억 달러씩 모금해서 정부의 손이 미치지 않은 사회 복지 부문의 일자리 창출에 지원하고 있다. 이런 방식으로 복지사업에 종사하는 인력은 1,200만 명으로, 미국 전체 고용자의 9.5%를 차지한다.

작은 정부, IT 벤처산업 육성, 그리고 생산적 복지정책을 통해 일구어낸 성과 실적은 실로 경이로운 것이었다. 클린턴은 재임 8년간 IT 벤처산업과 생산적 복지 부문에서 600만 개의 중소기업을 창업시켜 총 2,250만 개의 일자리를 만들어 냈다. 한 달 평균 23만 7천 개의 일자리를 만들어 냈다. 새로 창업하는 중소기업 1개당 일자리 수는 평균 3.75명으로, 전형적인 중소기업형 일자리 창출 방식이었다.

클린턴은 일자리 창출 방식의 규모, 내용 면에서도 큰 성공을 거두었다. 특히, 청년 일자리 창출에 성공했다. 일자리 창출 목표를 초과달성하는 것은 물론, 국정의 모든 난제를 일거에 해결했다. 일자리 창출에 힘입어 1인당 GDP는 3만 달러 수준에서 4만 달러를 훌쩍 뛰어넘었다. 경제성장률은 3~5% 수준으로 껑충 뛰어올랐다. 1인당 GDP 4만 달러 수준에서는 좀처럼 나타날 수 없는 높은 성장률이었다.

  그뿐인가, 미국경제의 아킬레스건이었던 재정적자 문제가 해결되었다. 동시에 증시와 부동산 시장이 활성화되었다. 특히 주가지수DJA는 7,000선에서 1만 2,800대까지 치솟았다. 하우스 푸어 문제도 말끔히 해소되고, 민생문제, 복지문제가 모두 사라졌다. 마침내 국민행복시대가 열렸다. 지금은 세계 경제가 모두 고전하고 있는데 미국 경제만 강하다. 미국은 문제투성이인 양적 완화를 끝장내려 하고 있다. 그 이유는 클린턴이 창조 경제 기반을 잘 구축해 놓았기 때문이다.

  미국은 다시 부활했다. 아메리칸 르네상스가 실현되었다. 클린턴의 성공 비결은 간단했다. 투자하고 성장해야 일자리를 만들어 낼 수 있다는 기존의 고정관념을 깨고, 먼저 일자리를 만들어 투자와 성장을 이끌어냈다. 이를 토대로 다른 정책 과제를 해결하고 국민행복시대를 열어가는 방식으로 사고의 대전환을 한 것이다.

김대중-창조경제론 산산조각난 한강의 기적 부활

  IMF 외환위기와 함께 산산조각난 한강의 기적을 유산으로 물려받은 74세의 고령자, 김대중 대통령. 당시 외환 보유고는 달랑 37억 달러로, 사실상 국가 부도가 난 상태에서 IMF의 긴급수혈로 국가부도를 막고 있는 상태에서 대통령에 취임했다. 그는 대선 캠페인에 들어가면서 그동안 내세웠던 대중경제 간판을 버리고 민주주의와 시장경제라는 새로운 간판을 내걸었다. DJP 연합도 성사시켰다. 또, IMF에는 살인적인 고환율, 고금리 인하를 요청했다. 대통령에 당선된 후에는 작은 정부, IT 벤처산업 육성, 생산적 복지정책, 규제혁파, 160조 원 규모의 공적자금 투입, 정리해고, 빅딜M&A, 한류확산, 금 모으기 운동, 4대 개혁공공, 금융, 기업, 노동, 등 경제 부문의 대개혁을 단행했다. 이런 개혁 정책들이 모두 창조경제의 핵심 콘텐츠, 즉 기업가정신, 혁신, 창조적 파괴와 맞아떨어진 것이다.

특히, 작은 정부, IT 벤처산업 육성, 생산적 복지 등은 클린턴의 신新경제를 벤치마킹한 것이다. 그리고 "한류"는 중국의 어느 지방신문에 난 것을 김 대통령 자신이 재빨리 캐치해서 보급한 것이다. 김대중 정부의 개혁 정책은 말 그대로 창조경제 실험정책이었다.

작은 정부의 경우, 김대중 정부는 명예퇴직 방식으로 1999~2000년 사이 공무원 19,232명을 감원했다. 그동안 전후 복구사업, 새마을운동, 경제개발정책 등의 수많은 국책사업을 하느라 공무원 수가 엄청나게 늘어났으나, 이미 늘어난 공무원을 줄일 생각, 이를 실행할 생각은 엄두도 못 냈다. 그러나 김대중 정부는 이를 조용하게 실행했다.

대처수상이나 클린턴 대통령의 공무원 30% 감원 수준에는 훨씬 못

미치지만, 대한민국 수립 이래 공무원을 줄인 것은 처음 있는 일이었다. 작은 정부가 실현된 것이다. 처음 보는 공무원 감원은 관료주의 청산과 정부 조직 활성화에 큰 보탬이 됐다.

뉴딜정책 이래 정부가 경제개발에 참여하면서, 그리고 복지 정책을 수행하느라 정부 기구가 팽창하고 공무원 수가 크게 늘었으며, 행정 능률이 크게 떨어졌다. 정부기구 팽창은 늘 경계대상이 됐다. 미국은 1947년에 후버위원회를 만들어 정부기구 축소에 착수했다. 트루먼 대통령은 후버위원회1차 제안의 70%를 받아들였다. 이때 공무원의 약 30%가 감축됐다. 후버 전 대통령은 루스벨트 대통령의 뉴딜정책을 맹렬하게 반대했던 인물인데, 공교롭게도 민주당 트루먼 대통령의 위임을 받아 비대해진 정부기구 축소에 크게 기여했다. 1차 후버위원회의 성과에 힘입어 53년에는 아이젠하워 대통령이 2차 후버위원회를 위촉했으나, 후버의 사망으로 흐지부지됐다. 빌 클린턴은 그동안의 동서냉전 전개과정에서 비대해진 큰 정부를 슬림화하기 위해 창조경제 정책과 함께 작은 정부를 위한 개혁을1994년 실행한 것이었다.

김대중 정부는 정부 슬림화와 함께 정보기술IT, 바이오기술BT, 나노기술NT, 환경기술ET, 문화기술CT 등 5대 신기술 산업을 차세대 성장 동력 산업으로 육성키로 하고 5년간 10조 원을 투입하기로 했다. 김대중은 특히 인터넷과 통신 분야의 기업투자를 촉진시키기 위해 과감한 규제 완화와 적극적인 재정·금융지원을 감행했다. 한국은 순식간에 IT,

벤처 강국으로 떠올랐다.

한국이 IT 벤처 강국으로 떠오른 것은 국내에서보다 외국에서 더 알려져 있다. 일본의 경제평론가 오마에 겐지는 "한국은 정보화강국으로 떠올라 일본을 앞지르게 됐다."고 했다. 미국의 경제 시사 월간지 포춘 2004년 9월 20일자은 "한국은 미래의 디지털산업을 좌우할 것"이라면서 IT 지식정보화 강국이 됐다고 치켜세웠다.

김대중 정부는 IT 벤처산업 육성과 함께 복지정책과 일자리를 연계시키는 생산적 복지정책을 제시했다. 컨셉이 너무 근사해서 2000년 4.13총선에서는 한나라당 후보자 등이 생산적 복지를 먼저 내세우는 해프닝이 벌어지기도 했다.

김대중 정부의 가장 드라마틱한 개혁은 규제완화였다. 과감한 규제완화 정책을 통해 1만 5백 건의 규제를 소리 소문 없이 절반수준인 5천 2백 건으로 줄였다. 박근혜의 요란한 규제개혁이 아직도 1만 5천 건 수준에서 맴돌고 있는 점과 대비해 보면 정말 엄청난 사건이었다.

과감한 규제완화는 인터넷과 통신 분야의 투자를 촉진시켰다. 2000년에는 경제성장률이 순식간에 치솟아 올랐다. 5년간 평균 성장률은 5.0%로, 집권 첫해의 -5.7% 성장을 감안하면 실질 성장률은 6%가 넘는다. 이것은 노무현 정부 때의 4.3%, 이명박 정부의 2.9%와 대비해 보면 대단한 성과였다. IMF 신탁통치도 1년 6개월 만에 종결되었다. 클린턴

* 제43회 신문의 날 은관문화훈장 수여식에서 김대중 전 대통령과 함께

대통령의 아메리칸 르네상스와 비견되는 코리안 르네상스라고 부를 수 있을 것이다. 그러나 김대중 대통령의 창조경제는 절반의 성공에 그쳤다.

호사다마라는 말이 들어맞는 경우였다. 이런 혁혁한 성과와 실적에도 불구하고 기득권층의 저항, 관료의 저항, 금융의 저항에 부딪혀 벤처산업과 생산적 복지정책은 반짝경기로 마감했다. 특히 금융기관의 저항이 너무나 거셌다. 김대중 정부는 막대한 공적자금을 투입해서 다 쓰러져가는 금융기관들을 살려냈다. 여기에 부응해서 은행을 비롯한 금융기관은 악담과 험담을 해 가면서도 앞다투어가며 벤처금융기관을 설립했으나 지금은 모두 흔적도 없이 사라져 버렸다. 김대중 정부가 못 이룬 창조경제의 꿈은 그 후 10년의 암흑시대를 거쳐 박근혜 정부에 들어 꽃을 피우려 했으나, 역시 뜻을 이루지 못했다.

박근혜 정부의 창조경제와 일자리 창출

박근혜는 18대 대통령으로 취임할 때 창조경제와 일자리 창출을 국정 아젠다로 제시했다. 가장 화려하게, 그리고 가장 체계적으로 완벽한 창조경제와 일자리 창출 플랜을 제시했다. 그러나 뜻을 이루지 못했다. 기대가 컸던 만큼 실망도 컸다. 화려하게 데뷔했다가 초라하게 퇴장하는 모양새가 돼 버렸다.

박근혜의 창조경제와 일자리 창출은 원조 슘페터의 창조경제의 기본 컨셉에 가장 가까운 것이었다. 21세기의 세계 경제는 창조경제가 아니면 도무지 일자리를 만들어 낼 수 있는 틈새가 없다. 20세기까지 세계 경제는 투자하고 성장하면 일자리가 쏟아져 나오는 세상이었다. 기술혁명을 하고, 산업혁명을 하면 투자가 늘어나고 생산과 서비스가 늘어났으며, 그 결과 일자리가 마구 쏟아져 나오는, 그런 시대였다.

그러나 21세기 들어 세상이 달라졌다. 소득수준의 향상과 함께 새로운 시대가 찾아왔다. 거품 경제 시대에는 투자를 해 봐야 돈을 벌 수 있다는 확신이 서지 않기 때문에 섣불리 투자를 하지 않는다. 고용 없는 성장시대에는 투자를 해서 돈은 벌 수 있다 해도 일자리가 나오지 않는다. 개인주의시대, 다원화·다양화·맞춤복시대에는 아무리 좋은 상품을 만들어도 소비자의 취향과 입맛에 맞지 않으면 도루묵이다.

그럼 이 일을 어찌해야 하는가? 장사하려면 소비자의 취향과 기호와 입맛에 맞는 상품과 서비스를 제공해야 한다. 이런 환경에서는 지금까지의 소품종 대량생산 체제는 맥을 추지 못한다. 다품종 소량생산 체제로 가서 한 사람 한 사람 소비자의 취향에 맞추어 주어야 상품을 팔아먹을 수 있다.

그럼, 다원화, 다양화, 맞춤복시대의 생산과 서비스는 어떻게 해야 하는가? 말 그대로 상품과 서비스의 성능, 디자인, 품질을 다원화, 다양화, 맞춤복화해야 한다. 독일의 유명 자동차 기업 BMW가 사고를 쳤을 때, 판매 중인 자동차 모델만 백몇십 종류라고 해서 깜짝 놀랐다. 1백 종류가 넘는 판매 모델이 바로 다원화, 다양화, 맞춤복시대에 소비자의 취향을 맞추는 것이고, 소비자는 자신의 취향에 맞는 모델을 골라잡기 위해 배기가스가 어떻고 하는 품질문제는 뒷전으로 돌려 버린다.

여기서 다원화, 다양화, 맞춤복 된 취향에 맞추어 상품을 만들어 내는 것이 창조경제이고, 창조경제를 뒷받침해주는 것이 디지털, ICT, 소프트웨어, 벤처, 인공지능이다.

이런 창조경제 기법을 이용해서 생산과 서비스를 다원화, 다양화, 맞춤복화하면 장사가 잘되고, 장사가 잘되면 투자가 늘고, 투자와 생산이 늘면 일자리가 나오고, 경제가 성장한다. 그래서 21세기의 세계 경제는 창조경제와 일자리 창출이 성장 동력이다.

또, 디지털, ICT, 소프트웨어, 벤처 등 창조경제 분야는 하나의 벤처가 그 벤처와 관련된 무수한 연관 벤처를 만들어 내며, 이 과정에서 무수한 일자리를 만들어 낸다. 빌 클린턴 대통령은 재임 8년 동안 ICT 벤처 중심으로 600만 개의 중소기업을 창업하게 했고, 거기서 2,250만 개의 일자리를 만들어 냈다. 1개 기업의 평균 일자리는 3.75명으로, 개미떼 같은 일자리군단이 미국의 경제성장률을 3~5%까지 끌어올리고 미국의 평균 주가를 8,000대에서 13,000대까지 끌어올려서 아메리칸 르네상스를 이끌어 냈다.

그런 의미에서 박근혜가 창조경제와 일자리 창출을 제시한 것은 하늘의 계시였다. 그러나 구체적인 실천방안까지 내놓고 하나도 실행하지 못했다. 창조경제가 계명을 어기며 크게 탈선한 것이다. 그래서 창조경제는 하늘의 저주를 받게 되었다.

그럼 어떤 방법으로 창조경제를 활성화 시킬 수 있는가? 박근혜는 상상력과 창의력을 동원해서 비즈니스가 잘되는 사업을 벌이라고 했다. 말은 맞다. 그러나 애매하고 추상적이어서 뭔가 손에 잡히는 것이 없다. 손에 잡히는 것은 무엇인가? 창조경제의 원조, 슘페터는 창조경제의 원천뿌리으로 신기술ICT, 소프트웨어, 벤처, 각종 기술의 융합·복합, 인공지능, 신상품 신서비스 신시장, 새로운 생산방법, 새로운 조직·관리기법 등을 꼽았다. 창조경제의 원동력으로는 기업가정신, 혁신, 창조적 파괴를 꼽았다. 정부나 기업가 혹은 개인이 창의적이고, 모험적이고, 개척자적인 자세로 혁신과 창조적 파괴를 해서 일구어낸 것이 창조경제라고 했다. 이 과정에서 무수한 일자리가 나오고, 경제발전이 이루어진다는 것이다. 이렇게 구체적으로 설명했는데도 손에 잡히는 것이 없다면 창조경제를 비판할 자격이 없다고 봐야 한다.

창조경제와 일자리 창출은 21세기 최고의 경제 살리기 모델이다. 창조경제와 일자리 창출이 아니고는 세계 경제를 지금의 위기에서 건져낼 방법이 없다. 그런데 박근혜의 창조경제는 성공하지 못했다.

박근혜는 이어 창조경제 일자리 창출의 실행방안까지 구체적으로 제시했다. 칸막이 행정을 타파하라, 관료주의를 척결하라, 규제를 혁파하라, 금융개혁을 하라, 비정상을 정상화하라, 국가 개조를 하라, 고용률을 70%로 끌어올려라, 성장률을 4%로 올려라 등 버릴 것이라고는 하나도 없는 금과옥조 같은 개혁실행지침을 거침없이 쏟아냈다. 그러나 하나도 실행되지 않았다.

창조경제와 일자리 창출이 제시됐을 때 가벼운 전율을 느꼈다. 너무나 완벽한 경제 살리기 모델에 완벽한 실행 정책이었다. 그렇기에 창조경제와 일자리 창출 정책은 매뉴얼대로 실행되지 않을 수 없는 것이었고, 누가 감히 이런 지시를 외면하겠는가 하는 생각을 했다. 지침대로 실행되면 우리나라는 일자리가 넘쳐흐르고, 경제가 활성화되고, 동북아 경제 중심국가로 떠오르고, 팍스 코리아나가 실현될 것이라 예상했다. 50년 넘게 경제 살리기 궁리만 해 온 사람이 어찌 흥분하지 않을 수 있겠는가?

그러나 창조경제와 일자리 창출은 구호만 요란할 뿐, 경제현장에는 좀처럼 창조경제와 일자리 창출이 침투해 들어가고 있는 기미가 보이지 않았다. 특히, 창조경제와 일자리 창출의 컨트롤타워가 된 미래부가 수상하게 돌아가고 있었다. 미래부 간판이 창조경제가 아니라 창조과학부로 바뀌었다. 미래부 내에는 창조경제를 이끌 사람이 한 사람도 보이지 않았다.

장·차관 등 몇 사람만 움직이고 있을 뿐, 실무선에서는 전혀 움직일 기색도 않고 있었다. 장차관과 실무자들은 늘 엇박자였다. 필자는 명색이 일자리혁명을 주장한 사람이다. 그렇기에 일자리문제를 꺼내면 실무자들은 금방 "일자리는 고용부 소관이다. 우리는 일자리문제는 모른다."라고 퉁명스럽게 받아넘기기 일쑤였다.

왜 그럴까? 미래부 어디에도 일자리 문제를 다루는 곳이 없었다. 좀 더 자세히 살펴보았다. 대통령은 분명히 창조경제와 일자리 창출을 하라고 지시했는데, 미래부에는 창조경제와 일자리 창출을 담당하는 부서가 없다. 어떻게 된 일인지 미래부의 명칭이 미래창조과학부로 바뀌었다. 즉, 미래부는 창조경제를 담당하는 곳이 아니게 되었다는 것이다. 첫머리에 명시돼 있는 미래부의 업무 범위는 창조경제와 일자리 창출을 하는 곳이 아니라 창조과학과 과학 인력 양성을 하는 부서로 명시돼 있었다.

창조경제와 창조과학, 그리고 일자리 창출과 과학 인력 양성은 엄청나게 다르다. 보신주의와 복지부동으로 잘 무장된 미래부 공무원들이 이처럼 엄청난 차이를 간과할 이유가 없다. 미래부에서 창조경제와 일자리 창출은 금기대상처럼 되었다. 그들은 창조과학과 과학 인력 양성에만 매달렸다. 그 당시 최고의 화두였던 창조경제와 일자리 창출이 매몰차게 버려지고 말았다.

게다가 인사가 아주 잘못됐다. 미래부에는 창조경제와 일자리 창출을 이해할 수 있는 사람이 없다. 창조경제와 일자리 창출을 박근혜 혼자 하는 꼴이 돼 버렸다. 아무리 창조경제와 일자리 창출을 하라고 외쳐 봐야 메아리도 없이 허공 속으로 묻혀 버린다. 미래부가 엄청나게 탈선한 것이다.

박근혜는 창조경제의 가장 큰 걸림돌인 규제개혁을 위해 직접 회의를 주재했다. 7시간씩이나 회의를 했지만, 규제주의자들에게 변명할 기회만 주었다. 결국 말이 먹히지 않는 미래부를 우회해 창조경제를 해 보려 했다.

사이버 실리콘밸리라 할 수 있는 창조경제 타운을 만들었다. 그리고 그 운영은 정부 관료에게 맡겼다. 잘될 턱이 없었다. 지역별로 창조경제 혁신센터를 설치, 운용키로 했다. 그리고 그 운영 책임은 주로 전경련 회원사인 대기업들에 맡겼다. 역시 잘될 턱이 없었다. 창조경제의 원조, 슘페터는 관료주의와 대기업에 대해 창조경제의 훼방꾼 취급을 하지 않았던가?

마침내 국민은 피곤해졌다. 창조경제는 내놓지 않은 것만 못하게 됐다. 창조경제 정책이 잘됐으면 지금쯤 일자리 창출은 매년 60만 개, 경제 성장률은 5~6%, 1인당 GDP는 3만 달러 후반, 주가는 3,000대 후반에서 움직이고 있을 터인데, 오늘과 같은 초라한 성적표를 내놓고 국민을 실망시키고 있다. 그 좋은 창조경제가 비웃음의 대상이 되어 버렸다. 안타깝다.

이제 실패한 창조경제의 말기 현상이 나타나고 있다. 개혁을 해도 먹히지 않는다. 마지막 남은 선택지는 인공지능 활용 방통융합 일자리 창출 콘텐츠를 실용화하는 방법밖에 없다.

중국은 세계 제2위의 경제 대국이자 세계 제1위의 인구 대국13억 5천만
명의 위상을 자랑하고 있다. 또한 세계 제1위의 일자리 대국이기도 하
다. 국가 전체의 1인당 GDP는 8천 200달러이지만 상하이, 베이징, 톈
진 등은 2만 달러를 넘어섰다. 따라서 산업발전 정책, 전방위 일자리정
책을 추구하고 있다. 특히 창조경제 일자리 창출에 열을 올리고 있다.

지난 2012년 12월, 중국 국가주석에 취임한 시진핑은 취임 직후 신新
경제의 심장으로 불리는 선전시의 산업시찰에 나섰다. 시 주석이 이곳
에서 맨 처음 찾은 기업은 창업한 지 채 2년도 안 된 무명의 스타트업
기업 "광치과학"이었다.

"아이언슈트"로 불리는 개인용 비행 장치를 개발하고 있던 광치과학
은 미국 듀크대 박사 출신 류뤄펑이 동료 4명과 창업한 창조경제기업
이다. 시 주석은 이 자리서 광치과학이 세계적인 혁신기업으로 성장할
것을 주문했다.

4년이 훌쩍 지난 지금, 광치과학은 시 주석의 희망대로 중국의 대표
적인 신新경제 대표기업으로 성장했다.

광치과학의 이웃인 선전시 중심가에 위치한 화창베이 상가는 류뤄

펑처럼 창업 성공 신화의 꿈을 꾸는 젊은이들의 열기로 가득 찬 곳이다. 한때 짝퉁 중국 전자제품의 전초기지로 불리던 화창베이는 이제 창조경제 혁신센터로 변신해 중국 신新경제의 심장인 선전을 지탱하는 하드웨어 플랫폼이자 창업천국으로 탈바꿈했다.

선전이 짝퉁 기지의 오명에서 벗어날 수 있었던 결정적 계기는 정부의 규제 완화였다. 중국정부가 2007년에 휴대폰 생산허가제의 족쇄를 풀자 짝퉁 제품만 만들던 곳이 독자제품을 만들면서 샤오미 같은 브랜드의 싹이 트기 시작했다.

선전의 대표적인 관광지인 환러하이만에서는 중국 신경제의 또 다른 현장을 만날 수 있다. 세계 최대 상업용 드론 기업 "DJI"가 있다. 홍콩 과기대 출신 왕타오 사장이 2006년에 창업한 DJI는 보급형 드론 "팬텀"을 2013년에 처음 선보인 후, 2014년에만 40만 대를 팔았다. 이후 자금과 인재들이 몰리면서 DJI는 전 세계 시장 점유율 70%의 1위 드론 기업으로 우뚝 섰다.

한 해 수십만 명씩 국내외에서 배출되는 두뇌들은 중국의 신성장을 이끄는 신동력이다. 중국은 1978년, 개혁과 개방의 기치를 내건 후 지난해 말까지 404만 명이 해외유학에 나섰으며 이 가운데 222만 명이 귀국해 중국 신新경제 주역으로 활약하고 있다. 2015년 중 귀국한 해외 유학생은 40만 9,000명으로, 이들 중 석·박사 학위 소지자는 90.2%에 달한다.

중국은 지난해에는 "중국 제조Made in China 2025"와 "인터넷 플러스"라는 실행계획을 내놓았다. 이 같은 신新경제 정책에 힘입어 지난해 정보기술IT분야의 성장률은 21%를 기록했다. 지난해 중국 GDP 성장률은 6.9%였다. 한 해에 수십만 명씩 국내외에서 배출되는 두뇌들이 중국을 첨단 기술국가로 변모시키고 있다. 화웨이 같은 첨단 IT 기업들의 고속 성장이 중국 신경제의 성장 동력이 되고 있다.

중국은 자국의 두뇌를 해외에 내보내 창조경제, 첨단기술을 확보하는 한편, 3조 2천억 달러에 달하는 거대한 외환 보유고와 막강한 자금력을 앞세워 해외 기업들의 인수합병M&A에 나서고 있다. 2015년 중국 기업의 M&A 규모는 1,062억 달러, 2016년에는 이미 1,500억 달러를 넘었다.

특히 글로벌시장에서 상당한 지배력을 가진 세계적인 기업들이 타깃이 되고 있는 것이 특기할 만한 일이다. 원천기술을 노리는 중국의 기업사냥 표적이 되고 있는 곳은 기술 강국인 독일이다. 중국의 독일 기업 인수 규모는 이미 34억 달러를 넘어섰다.

중국의 양대 가전회사로 꼽히는 하이얼은 미국의 자존심 제너럴일렉트릭GE의 가전 부문을 사들였다. 최근 중국 켐차이나중국화공그룹, CNCC는 430억 달러를 들여 스위스 종자기업 신젠타를 인수했다. 중국 크리에이트그룹은 영국의 혈액 관련 헬스케어업체, 바이오프로덕츠랩을

12억 달러에 인수했다. 중국의 해외 기업사냥은 그동안 호주, 아프리카에 있는 유전, 광산 등이 대부분이었지만, 최근에는 첨단기술 부문, 정보기술IT, 제약·바이오분야의 기업에 집중되고 있다.

기업이 안 되면 사람을 산다. 인수합병 외에 원천기술 확보를 위한 중국기업의 또 다른 수단은 인력 확보다. 가장 대표적인 사람이 구글에서 인공지능AI 프로젝트를 이끌던 앤드루 응 미국 스탠포드대 교수다. 중국 IT 기업 바이두는 미국 실리콘밸리에 3억 달러를 투자해 인공지능센터를 신축하면서 응 교수를 데려갔다. 중국은 특허, 반도체, 디스플레이 등 한국이 세계시장을 선도하는 분야에서도 핵심 인력 영입에 전력을 기울이고 있다. 화웨이는 삼성전자 중국 스마트폰 사업부 수석부사장인 앤디 호를 자사의 컨슈머비즈니스그룹 부사장으로 영입했다.

중국 기업들의 인재 모시기 열풍은 하이구이해외유학파 영입에서도 분명히 나타나고 있다. 2007년까지만 해도 중국 귀환율은 30% 남짓에 불과했지만 2015년에는 78.1%까지 높아졌다. 중국은 지금 창조경제와 전쟁을 하고 있다. 그래서 "중국경제의 미래는 밝다"고 하지 않을 수 없다.

18

역사는 반면교사,
박정희 창업 & 김대중 수성

20세기 후반, 한국이 낳은 두 거인 박정희와 김대중은, '팍스 코리아 나로 가는 길Pax Koreana Road'을 개척하는 과정에서 운명적으로 해후하게 된다.

처음에 두 지도자는 적대관계에서 출발한다. 1971년 대통령선거에서 한 사람은 여당후보, 다른 한 사람은 야당후보로 맞섰다. 1979년 10월, 박정희 대통령은 '한강의 기적'이라는 엄청난 유산을 남기고 세상을 하직한다. 그가 남기고 간 경제발전은 한국민주화의 밑거름이 된다. 그 때 민권운동가였던 김대중은 본의 아니게 박정희의 유산인 한강의 기적을 상속받는다.

박정희 대통령의 후계자들이 교만과 방자에 빠져 상속재산을 다 까먹어갈 무렵, IMF 사태가 터진다. 김대중은 대통령이 되어 소멸 직전의 위기에 몰린 한강의 기적을 다시 살려낸다. 이때를 계기로 박정희·김대중, 두 대통령은 화해·화합·상생의 길로 들어선다.

한국 현대사가 낳은 두 거인

흔히 중국 5천 년 역사에서 최고의 황제로 당태종을 꼽는다. 당태종은 말년에 고구려 침공에 나섰지만 유명한 안시성싸움에서 혼쭐이 난 후 장안으로 돌아와 다시 내치에 힘썼다. 특히 사치를 금하여 건전한 기풍이 사회 전반에 스며들도록 했다. 유명한 '정관의 치貞觀之治, 당태종의 치세를 기리어 이르던 말'를 역사 속에 남겼다.

당태종이 측근들과 치세治世를 논한 적이 있었다.

"경들은 창업創業과 수성守成 중 어느 쪽이 어렵다고 생각하오?"

그러자 우복야右僕射 방현령房玄齡이 말했다.

"창업은 비 온 뒤의 죽순처럼 일어나는 뭇 영웅들을 제압해야 가능한 일이므로, 역시 창업이 어렵다고 생각합니다."

이에 간의대부諫議大夫 위징魏徵이 나섰다.

"옛날 사실史實을 돌이켜보건대 임금 자리는 갖은 고난 속에서 어렵게 얻었다가도 안일함 속에서 쉽사리 잃곤 했습니다. 모든 것이 자기 뜻대로 이루어지기 때문에 교만과 방자에 빠지기 쉽습니다. 그러나 폐하는 욕망을 억제하고 스스로 절약과 검소한 생활을 실천했습니다. 그러므로 수성이 더 어렵습니다."

두 의견을 듣고 난 후 당태종이 말했다.

"창업과 수성 중 어느 것이 더 어렵고, 덜 어렵겠소? 짐은 둘 다 똑같다고 생각하오. 하지만 이제 창업의 어려움은 지나갔으니 앞으로 공들과 함께 수성에 힘쓸 것이오."

나라를 세우는 창업은 어렵다. 정권을 세우는 것도 어렵다. 그러나 정권을 유지하고 발전시키는 수성은 더욱 어렵다. 창업에 성공하면 자기 뜻대로 모든 것이 이루어졌기 때문에 교만과 방자에 빠지기 쉽다. 결국, 교만과 방자는 통치자의 무덤이 된다.

한국은 난세의 창업과 치세의 수성이 절묘하게 조화를 이루면서, 근대화와 현대화의 최단 코스를 달려왔다. 지난 50년 동안 한국경제는 시장경제 250년사가 걸어온 발전궤적을 숨 가쁘게 달려온 것이다. 이 과정에서 한국 현대사가 낳은 두 사람의 걸출한 지도자, 박정희와 김대중은 운명적 해후를 하게 된다. 그리고 숙명적 대결과 경쟁과 상생의 과정이 파노라마처럼 전개된다.

한 사람은 장군 출신으로 쿠데타를 통해 집권에 성공한다. 다른 한 사람은 민중항쟁을 통해 민주화를 성취하고 집권에 성공한다. 한 사람은 난세의 창업에 성공하고, 다른 한 사람은 치세의 수성에 성공한다. 한 사람은 조국 근대화의 기치를 내걸고 경제개발을 강력히 추구하고, 다른 한 사람은 경제발전을 위해 자신이 내건 경제철학인 대중경제를 스스로 청산하고 시장경제주의자로 변신해서 글로벌경제 시대를 열어간다. 그 과정에서 두 사람은 한국경제의 최종 목표인 '일자리혁명'을 통해 운명적 화해를 하게 된다. 마침내 대결 구도에서 동반자 관계로 전환된 것이다. 한 사람은 일자리를 늘리고, 다른 한 사람은 일자리를 지켰다. 박정희 대통령은 창업모델을, 김대중 대통령은 수성모델을 만들었다.

박정희 대통령은 아이러니하게도 자신의 몸과 마음을 다 바쳐 추진했던 조국근대화를 향한 경제개발 정책의 성공을 통해, 트레이드마크인 권위주의를 버리고 민주화를 재촉했다. 소득수준의 급속한 향상이 민주화를 채찍질한 것이다. 그리고 마침내 그가 박해했던 정적이 대통령이 되는 길을 열어주었다.

김대중 대통령은 박정희 대통령의 조국근대화와 경제개발 정책이 성공했기 때문에, IMF위기 때 집권에 성공할 수 있었다. 그리고 치세治世에 성공한 대통령이 되었다.

역사의 아이러니라고 할까? "박정희 없이 김대중 없다"가 되어버렸다. 역사에는 '만약'이라는 가설은 존재하지 않는다. 하지만 만약 박정희 대통령이 경제개발 계획에 성공하지 못했다면 과연 김대중 대통령이 성공한 대통령이 될 수 있었을까? 대한민국은 저개발 상태에서 독재와 반독재 투쟁을 하면서 극도의 혼란이 이어졌을 것이고, 결국 두 사람 다 실패한 대통령이 되었을 것이다. 저개발 국가와 소득수준이 낮은 나라, 특히 일자리가 없는 나라에서의 민주주의는 쿠데타와 민주화운동이 악순환하는 불완전한 정치제도가 될 수밖에 없기 때문이다.

「박정희 창업創業」 '라인강의 기적'을 능가한 '한강의 기적'
쿠데타를 통해 집권한 박정희 대통령은 조국근대화를 위해 경제개발계획을 의욕적으로 밀어붙였다. 경제개발 5개년계획, 수출 제일주의, 중화학공업 육성정책, 경부고속도로 건설 등을 서둘렀다. 포항제철 건설을 위해 대일 국교를 정상화했고, 대일 청구권 자금은 포항제철 건설에 몽땅 퍼부었다. 또한 기업의 부담을 덜어주기 위해 사채 동결령을 선포했다. 공업화를 촉진하기 위해 새마을운동을 벌였다. 그리고 경제개발을 재촉하기 위해 10월 유신을 단행했다. 정치적 측면에서 보면 길을 아주 잘못 들었지만, 경제적 측면에서 보면 엄청난 성취였다.

경제개발 5개년계획은 매우 체계적으로 추진되었다. 1차 5개년계획은 경공업·농산품 가공, 생필품 육성에 역점을 두었다. 2차 5개년계획은 기계·부품공업·토목공사를 중점적으로 추진했다. 3차 5개년계획의 중점사업은 중화학공업 건설로 조선·전자·석유화학, 자동차·철강·기계공업 육성에 힘썼다. 4차 5개년계획은 중화학공업 육성을 마무리하고 첨단공업 육성에 나섰다. 이러한 경제개발계획 추진과정에서 일본 메이지유신 때의 근대화과정에서처럼 많은 재벌이 생겨났다.

박정희 시대의 체계적인 경제개발계획은 세계경제사에서도 처음 보는 대사건이었다. 계획경제의 원조 격인 소련에서도 후계자 격인 중국에서도 찾아볼 수 없는, 가장 성공적인 개발계획이었다. 특히 의욕적인 개발계획의 성공으로 많은 일자리를 만들어냈다. 개발계획의 성공은 산업혁명과 동시에 일자리혁명을 불러왔다.

영국은 농업혁명이 인구혁명을 불러오고, 이후 산업혁명이 일자리혁명을 불러왔다. 그런데 박정희 대통령의 경제개발 정책은 농업혁명

과정을 생략한 채, 단숨에 산업혁명과 일자리혁명을 이끌어냈다. 경제개발 5개년계획이 시동하면서 농촌인구는 대거 도시로 몰려들었다. 산업혁명기에 영국의 농촌인구가 산업예비군이 되어 도시로 몰려든 것과 같았다. 우리나라 농촌인구 비중은 1960년 72%에서 1970년에는 58%로 줄었다. 1980년에는 42%로 줄어 도시와 농촌 지역의 인구비율이 역전되었다. 박정희 대통령은 당대에 한국의 산업혁명과 일자리혁명이 완성된 것을 확인하고 세상을 하직했다.

박정희 대통령 재임 18년간의 경제발전 과정은 영국경제 180년간의 발전과정과 맞먹는다. 영국의 발전 속도보다 10배가 빠른 것이다. 한국의 산업구조는 농업인 1차산업 중심에서 제조업인 2차산업 중심으로 바뀌었다. 일자리혁명도 1차 자유방임 시대, 2차 수정주의 시대를 뛰어넘어, 3차 신자유주의 시대를 눈앞에 두고 있었다.

박정희 시대의 경이적인 경제 발전을 가리켜 '한강의 기적'이라 부른다. 한강의 기적은 2차 세계대전 후 독일의 아데나워·에르하르트 콤비가 전쟁의 폐허에서 독일경제를 일으킨 '라인강의 기적'과 비교된다. 라인강의 기적과 한강의 기적은 아직까지도 세계경제사에서 유례를 찾아볼 수 없는 성공사례로 남아 있다.

한강의 기적을 실감케 하는 3가지 사례가 있다.

첫째, 박정희 장군이 쿠데타를 일으킨 1961년 북한의 1인당 GDP는 대한민국을 웃돌고 있었다. 그때 북한은 소련을 따라 계획경제를 추진하고 있었는데, 소련의 무상지원 13억 루블과 동유럽 공산권 국가 및 중공의 지원에 힘입어 한국을 한참 앞서고 있었다. 그러나 박정희 장군의 등장으로 금방 판세가 역전되었다. 같은 개발독재를 했지만 지도자의 리더십에 따라 오늘과 같은 엄청난 차이가 나게 된 것이다.

둘째, 광화문 앞 세종로에 자리 잡은 문화관광부 청사와 미국대사관 건물은 5·16 직후 필리핀 건설회사가 지었다. 당시에는 필리핀이 한국보다 많은 것에 앞서 있었다. 하지만 오늘날의 한국 국력과 필리핀 국력을 따져 보면, 그것은 박정희 리더십과 마르코스 리더십의 차이로 볼 수밖에 없다.

셋째, 독재자들에게는 늘 따라다니는 단골메뉴가 하나 있다. 바로 부정축재다. 그들 중 유일하게 박정희 대통령만이 부정축재와 관련되어 있지 않다. 박정희의 개발독재는 민주주의와 자유의 가치를 심하게 훼손했다. 그러나 물적 자원과 인적 자원이 없는 상태에서의 개발독재는, 민주화의 길을 여는 순기능도 뒤따르게 했다.

이후 박정희 대통령의 발전모델은 후진국 개발이론의 교과서 역할을 했다. 덩샤오핑의 발전모델도 박정희의 개발모델을 복습한 것이다. 실제로 덩샤오핑의 개혁개방 사상의 캐치프레이즈가 된 '흑묘백묘론黑猫白猫論, 검은 고양이든 흰 고양이든 쥐만 잘 잡으면 된다는 뜻'은, 5·16 쿠데타 이후 부정축재자들을 구속했다가 모두 풀어줘 경제개발 계획에 참여케 함으로써 그들이 경제발전의 주역이 되게 한, 박정희 대통령의 실용주의와 맥락을 같이한다.

한편 박정희 대통령의 뒤를 이어 집권한 신군부는 신자유주의 시대에 발맞추어 개방화·자유화 정책을 폈다. 국내경제 운용을 자유화하고 대외개방을 통해 무역자유화를 강하게 밀어붙인 것이다. 그러나 속도 위반이었다. 그대로 가다가는 큰 사고가 나고 말 것이 자명했다.

자유무역주의는 강자의 논리다. 영국이나 미국 등 경제적 강자들이 세계화와 무역자유화 정책을 밀어붙이는 것은 자기네 국익을 극대화 하기 위한 것이다. 1980년대 초, 시카고 보이^{시카고학파}들이 남미 칠레로 건너가 무역자유화 정책을 설교하기 시작했다. 그 결과는 어떠했을까? 강자에 밀린 남미국가들의 제조업 말살로 귀결되고 말았다.

「김대중 수성守成」 '창업보다 어려운 수성, 국가 파산 막아'

우리나라도 예외가 아니었다. 결국 1997년 11월 21일, 한국정부는 IMF에 국가 경제를 위탁했다. 국내금융^{단자회사·자동차보험사·신용금고·저축}^{은행}자유화, 무역자유화, 해외여행자유화, 외환자유화, 자본자유화, OECD 가입 등 숨 가쁘게 자유화·개방화 정책을 추진하다가 IMF사태 를 맞은 것이다. 이때 포스트 박정희 정권들이 자유화했던 단자회사· 종금사는 IMF사태를 불러온 직접적인 원인이 되었다. 상호신용금고는 오늘의 저축은행 사태의 원인이 되었다. 잘못된 정책결정이 이런 비극 적인 결과를 가져온 것이다.

1997년 12월 12일, 청와대에서 비상경제대책 자문회의가 열렸다. 김 영삼 대통령은 "모라토리엄 얘기가 나오던데…." 하고 운을 뗐다. 모 라토리엄^{Moratorium}이란 전쟁, 지진, 경제공황, 화폐개혁 따위와 같이 한 나라 전체나 어느 특정 지역에 긴급사태가 발생한 경우에, 국가권력의 발동에 의하여 일정기간 금전채무의 이행을 중단하고 연장시키는 일을 말한다.

자문위원으로 그 자리에 참석했던 나는 즉시 반박했다. "모라토리엄을 하게 되면 모든 대외거래는 외상거래가 불가능해서 현금거래를 해야 하는데, 달러가 없으면 기름을 살 수 없고, 기름이 없으면 고층아파트의 엘리베이터가 멎고, 난방이 끊기고, 수세식 변기를 쓸 수 없는 사태가 올 수도 있습니다."라고 설명했다. 그 후 모라토리엄 이야기는 더 이상 나오지 않았다.

15대 대통령선거는 IMF 외환위기 속에서 치러졌다. 경제가 어려울 때 선거를 치르면 정권이 바뀌는 법이다. 예상대로 야당의 김대중 후보가 당선되었다. 수평적 정권교체라는 역사적 사건이 벌어졌다. 이때의 정권교체는 박정희 키즈들이 교만방자에 빠져서 절약과 검소한 생활을 실천하지 못했기 때문에, 국민이 선택한 것이었다.

당시 집권당이었던 신한국당^{현 새누리당}의 실정失政과 경제위기 말고도, 김대중 후보는 대통령에 당선될 만한 조건을 골고루 갖추고 있었다. 대선기간 중 IMF 측은 환율자유화와 금리인상 등 강력한 긴축을 요구했다. IMF의 요구는 앞서 설명했던 15년 전 시카고 보이들의 주장과 똑같았다. 환율은 단숨에 달러당 1,500~1,700원 선으로 2배나 뛰어올랐다. 금리도 회사채 금리가 25%선으로 2배 뛰어올랐다. 국내기업이 전멸할 위기에 처하고 만 것이다.

당연히 IMF의 요구를 수용할 것이냐 말 것이냐가 중요한 대선 이슈

로 떠올랐다. 당시 신한국당 대통령 후보이회창와 당 총재조순는 IMF 요
구를 받아들여야 한다고 했다. 대부분의 교수와 학자들도 시카고 보이
의 주장에 동조하는 분위기였다당시 IMF와 시카고 보이는 한통속이었다.

　이때 야당의 김대중 후보는 IMF 권고대로 가면 한국경제가 거덜 난
다면서, 국내사정에 맞게 IMF와 협상을 통해 고금리정책이 조정되어
야 한다고 주장했다. 나는 김대중 후보 편에 섰다. 이로 인해 신한국당
과 학계로부터 감히 IMF 권고를 무시하느냐는 비판을 받기도 했다.

　15대 대통령을 뽑는 운명의 순간, 국민은 김대중 후보의 손을 들어
주었다. 만약에 고환율·고금리 정책이 1개월 더 지속됐다면 대한민국
산업은 전멸했을 것이다. 시카고 보이가 뒤흔들어 놓은 칠레처럼 금융
기관, 특히 은행은 대부분이 외국계 은행에 M&A 되었을 것이다.

　김대중 후보가 당선되고 당선인 자격으로 IMF와 딜을 해 살인적인
고환율·고금리 정책을 누그러뜨렸는데도, IMF 때 국내 30대 기업 중 절
반 정도가 주인이 바뀌었다. 금융계는 지각변동이 일어났다. 20여 개
종금사는 흔적도 없이 사라져버렸다. 은행들은 모두 반신불수가 되고
말았다. 그럼에도 불구하고 김대중 대통령의 당선은 하늘의 축복이었
다. 박정희 대통령이 일구어놓은 '한강의 기적'이 파산신고를 하려는
순간, 김대중 대통령이 수성을 잘했기 때문에 오늘의 한국경제가 살아
남을 수 있었던 것이다.

　1997년 12월 19일, 김대중 대통령 당선인이 물려받은 외환보유고는
달랑 37억 달러였다. 그것도 장부상의 외환보유고였다. 실제로는 마이

너스였다. IMF에 몸을 의탁하고 있었지만 국가부도는 시간문제였다. 게다가 국가 경제의 혈액을 공급하는 은행들이 부도상태였다. 은행의 BIS 비율국제결제은행 기준 자기자본 비율이 대부분 8% 이하로 떨어져 있었다. 이때문에 한국의 은행들은 국제금융사회에서 은행 대접을 제대로 받지 못했다. 결국 자금여력이 없어진 은행들은 자금난을 호소하는 기업들에게 자금지원을 해줄 수 없었다. 그로 인해 30대 재벌그룹 절반이 부도상태에 직면했으므로 정말 위기의 순간이었다.

김대중 대통령은 취임하자마자 공적자금 카드를 내놓았다. 예금보험공사의 채권상환기금, 부실채권정리기금, 공공자금관리기금, 한국은행의 금융기관출자기금, 공공차관자금 등 정부가 손을 대서는 안 되는 비상자금을 총동원해서라도 쓰러져가는 은행과 부실화된 기업을 살려내겠다는 것이었다. 그것은 바로 루스벨트의 '뉴딜 정책1933년 미국 대통령 루스벨트가 경제공황에 대처하기 위해 시행한 경제부흥 정책'과 같은 것이었다.

처음 80조 원을 긴급 투입하고 단계적으로 160조 원을 은행의 증자 및 부실기업 지원에 투입해서, 은행과 부실기업을 살려냈다. 이때 김대중 대통령이 공적자금 투입과 금리인하 조처를 한 달만 늦추었어도, 국내 모든 은행과 30대 재벌그룹 대부분이 재기불능 상태가 됐을 것이다. 반대로 한 달만 빨랐더라면 대우그룹을 비롯한 30대 재벌그룹의 상당수가 주인이 바뀌지 않을 수도 있었을 것이다.

아무튼 공적자금의 신속한 투입으로 한국경제의 파산을 막았다. 그리고 박정희 대통령이 일구어놓은 '한강의 기적'이 흔적도 없이 사라지려 하는 것을 막아냈다. 이를 통해 김대중 대통령은 박정희 대통령에게 진 빚을 갚았다. 자신이 성공한 대통령이 될 수 있도록 길을 열어준 박정희 대통령에게 보답한 것이다.

이때부터 김대중 대통령과 박정희 대통령은 구원을 청산하고 서로 협력하고 보완하는 상생의 길을 걷게 된다. 마침내 "김대중 없이 박정희 없다"는 가설이 입증된 것이다. 두 지도자는 이렇게 적대관계에서 경쟁관계를 거쳐 화해·상생의 길을 걷게 되었고, 영·호남 화합의 기회도 함께 열었다.

두 거인의 변증법적 발전, 적대→경쟁→상생

두 지도자의 관계는 헤겔이 말하는 변증법적 발전, 즉 정正·반反·합合의 3단계를 거쳐 전개되고 발전된 것이다. 마침내 두 거인은 힘을 합쳐 '팍스 코리아나로 가는 길Pax Koreana Road'을 열었다. 박정희의 창업모델은 후진국 개발이론의 교과서 역할을, 김대중의 수성모델은 세계경제 위기극복의 기본모델이 되었다.

그러나 당시만 해도 김대중 대통령의 과감한 공적자금 투입에 모든 국민이 겁을 집어먹을 정도였다. 특히 정치권에서 난리가 났다. 야당인 한나라당이 대정부 공격의 선봉에 섰다. 국회에 공적자금 특별위원회가 설치되고 공청회까지 계획되었다. 공적자금 특별위원회는 3~4차례 열리다 말았는데, 대부분의 특별위원들은 공적자금 회수율이 15~20% 수준에 머물 것이라며 비관적인 전망을 제시했다.

하지만 나는 공적자금 투입으로 은행과 기업이 살아나면 증시가 살아날 것이고, 증시의 주가지수가 1,000선을 넘으면 공적자금 회수율은 60% 수준이거나 그 이상도 가능할 것이라고 주장했다. 이 같은 파격적인 주장에 다른 위원들은 '전혀 믿을 수 없다'는 눈치였다. 그러나 결국 내 주장이 맞아 들어갔다.

지난 2014년 9월 말 공적자금 운용현황을 보면 1998년부터 2012년까지의 공적자금 투입액은 168조 7천억 원으로, 이 중 107조 2천억 원이 회수되어 회수율은 63.7%에 달한다. 당초 목표치인 25%의 2.6배나 회수하게 된 것이다. 여기에 은행 및 공적자금이 투입된 부실기업의 자산가치 상승과 수조 원씩 이익을 내는 기업들의 엄청난 수익성을 감안하면, 공적자금은 투입액의 3배 이상의 경제적 성과를 올린 셈이다. 공적자금은 투입액+α를 건져낸 셈이다. 즉 공적자금 투입은 한국경제를 위기에서 건져낸 쾌거였다. 세계 어느 곳에서도 이런 성과는 찾아볼 수 없다. 공적자금이 만들어낸 기적이라고 할까?

당시 야당인 한나라당의 공세는 정말 심각했다. 한나라당 제2정책조정위원장^{이한구}은 2000년 11월 23일 기자회견을 갖고 150쪽 분량의 공적자금 백서를 배포하면서 "공적자금 집행상태가 워낙 엉망이어서 2차 자금조성분에 대해서는 제도적 장치가 마련된 후 지원해야 한다."고 주장했다. 그는 이미 투입된 공적자금 손실액이 90~110조 원에 달한다면서 추가로 투입될 공적자금 손실액 30조 원 등 총 120~140조 원이자 제외 80조 원을 회수하지 못할 것이라고 했다. 당시 한나라당 정책 책임자가 그 정도 수준이었다. 오히려 국민들이 팔을 걷어붙이고 새 정부의 위기극복 노력을 지원했다.

주가가 폭락하고 주식이 휴지조각처럼 취급되고 있는 가운데, 내가 사장으로 있던 한국일보는 남덕우 전 총리와 함께 '경제살리기 증권갖기 저축운동'을 벌여 큰 성공을 거두었다. 특히 '금 모으기 운동'은 많은 단체와 국민이 참여해, 세계적인 국난극복의 모범사례로 기록된 바 있다. 한국일보는MBC와 공동으로 김수환 추기경과 함께 '금 모으기 운동'을 앞장서서 이끌어갔다. 당시의 감동적인 사진이 초등학교 5학년 교과서 〈생활의 길잡이〉 편에 소개되기도 했다.

* 경제살리기 증권갖기 저축운동본부 설립(왼쪽에서 세 번째 남덕우 전 국무총리와 박병윤 한국일보 사장)

* 김수환 추기경과 함께 외채상환 금모으기 범국민운동 주도.

김대중 대통령은 취임하자마자 팔을 걷어붙이고 위기극복에 나섰다. 금리인하, 정리해고, M&A, 빅딜, 구조조정, 생산적 복지, 공적자금 160조 투입, 4대개혁공공부문·금융·기업·노동, 남북 정상회담, 햇볕정책 등 위기를 맞아 내놓을 수 있는 개혁정책을 모두 쏟아냈다. 한때 반체제 인사로 분류되기도 했던 정치인이 어떻게 그런 위기극복 대책을 내놓을 수 있었는지, 그의 능력의 한계는 어디까지인지, 궁금할 정도였다.

김대중 대통령의 개혁정책으로 가장 큰 수혜를 받은 쪽은 아이러니하게도 은행과 국내 대기업이었다. 대기업의 경우 김대중 대통령의 개혁정책 이후 10년 동안 매출은 3~4배, 당기 순익은 0이 하나 더 붙어 10배 이상으로 늘어났다. 김 대통령 퇴임 무렵에는 순익 1조 클럽에 들어간 기업만 해도 수두룩하다. 그럼에도 재벌 그룹은 김대중 대통령의 개혁정책에 시큰둥해하면서 더러는 좌파로 매도하기도 한다. 이것은 배은망덕이라기보다는 무식의 소치라고 봐야 할 것 같다.

김대중 대통령의 최고의 선택은 그의 정치경제 철학인 '민주주의와 시장경제' 및 '햇볕정책'이었다. 민주주의와 시장경제는 가치질서와 행동규범이 같은 것이다. 개인이 자유와 창의에 의해 열심히 노력하면 개인의 행복이 실현되고, 개인 행복의 합계는 국가의 행복 즉 국민의 행복이 되는 정치경제 체제를 말한다. 미국의 프래그머티즘Pragmatism, 실용주의이 그 원류이고, 이념적으로는 중도 실용주의가 기본 이데올로기다.

민주주의와 시장경제를 계기로 한국의 정치체제는 단숨에 미국 수준으로 업그레이드되었다. 국내에서는 이데올로기 논쟁, 노사분규가 크게 줄어들었다.

김대중 대통령의 '햇볕정책'은 실패했지만 그것은 최고의 선택이었다. 수구 보수주의자들은 햇볕정책을 "퍼주기 정책이다." "퍼주기가 핵무기 개발에 전용됐다." 등등으로 강력하게 비판한다. 물론 그 말도 맞다. 수구세력은 또한 "미친개는 몽둥이로 두들겨 패야 한다."고 응수한다. 하지만 그것은 너무 무책임한 주장이다. 북한은 그런 강경책이 두려워서 핵 개발을 서두르고 있는 것이다.

좀 더 냉정하게 북한 측 내부사정을 들여다보자. 햇볕정책을 제안하기 이전부터 북한은 개혁·개방을 서둘렀다. 노태우 정부 때에는 김달

현 부총리 팀을 남한에 내려 보내 남북한 평화공존의 길을 모색하기도 했다. 그들은 남북한 간의 엄청난 격차에 깜짝 놀랐다. 도저히 경쟁상대가 될 수 없다고 느꼈던 것이다. 북한은 남북협상에서 내세울 것이 하나도 없었다. 내부체제마저 흔들렸다. 온건개방파가 밀리고 강경군부가 주도권을 잡았다. 군부 또한 핵공갈 말고는 대안이 없었다. 결국 체제유지를 위해 협상의 문을 닫고, 다시 핵개발에 나섰다. 북한 입장에서는 체제유지가 최우선 과제이기 때문이다. 따라서 햇볕정책을 포함한 여러 가지 대안을 통해, 북한의 핵 포기를 이끌어내는 것이 더 바람직하다.

그 후 노무현 정권의 등장으로 이데올로기 논쟁이 다시 불거진 것은 매우 유감스러운 일이다. 게다가 일부 수구세력이 김대중·노무현 정권을 싸잡아 좌파정권으로 매도한 것은 국가적으로도 불행한 일이다. 김대중 정권과 노무현 정권은 이념적으로 전혀 다른 정권이다. 김대중 정권은 진보대중경제에서 중도 실용주의민주주의와 시장경제로 전향한 정권이다. 노무현 정권은 급진을 넘나드는 이념 성향의 정권이다.

역사적 평가가 상이하다 해도 한 가지 분명한 것은, 성공한 독재자 박정희 대통령과 성공한 반체제 인사 김대중 대통령이 일자리를 매개로 서로 결합돼 있다는 점이다. 한 사람은 난세의 영웅으로, 다른 한 사람은 치세의 영웅으로 자리매김했다. 두 사람은 힘을 합쳐 대한민국을 '팍스 코리아나의 길'로 인도한 후 모두 세상을 떠났다.

19

〈긴급 제안〉
'남포 · 해주 경제특구 개발' 구상

남포·해주 해안에 싱가포르만큼 큰 2억 평 규모의 경제특구를 건설하자고 제안한다면, 대부분의 사람이 불가능한 일이라고 일소一笑에 부칠 것이다. 더러는 헛소리 말라며 주의를 줄 것이다. 그러나 이는 불가능한 일도, 헛소리하는 것도 아니다. 대다수 사람이 불가능하다고 생각하는 바로 그곳에서, 새로운 가능성을 찾아낼 수 있다. 지금처럼 남북관계가 위기 국면으로 치닫고 있을 때, 바로 그 위기 속에 찬스가 있는 것이다.

남북관계는 외교, 안보, 군사적 접근만 하면 좀처럼 해답이 나오지 않는다. 영원한 평행선이다. 경제적 접근을 할 때가 됐다. 북한은 중화학공업 육성을 절실하게 갈망하고 있다. 김일성 주석 이래 전 주민에게 쌀밥에 고깃국을 먹이고 싶어 한다.

우리는 중화학공업이 중국에 무섭게 잠식당하고 있다. 이때 남포·해주에 중화학공업 단지를 건설한다. 우리는 사양화되고 있는 중화학공업의 돌파구를 찾고, 북한은 평생소원인 중화학공업을 일으키고 국민에게 쌀밥에 고깃국을 먹일 수 있고…남북한 모두 중국을 견제할 수 있고…핵개발과 중화학산업 개발을 바터할 수 있게 된다.

북한은 왜 새 대통령 선거에 즈음해서 로켓을 발사하고, 핵실험을 하겠다고 하고, 남북긴장을 조성하는 등 전쟁놀이를 하고 있는 것일까? 새 정부와 새 대통령에게 블러핑Bluffing, 자신의 패가 상대의 것보다 약하다고 생각될 때 오히려 더 강한 베팅을 하여 상대를 기만하는 행동을 하기 위해, 무리한 전쟁 리허설을 하고 있는 것이다.

북한은 이미 김정은 체제가 이미 굳어져 있다. 한국도 새 대통령을 선출하면 새 정부가 들어서게 된다. 조만간 대화 채널이 열리지 않을 수 없게 돼 있다. 그때 북한이 내놓을 수 있는 카드가 무엇이겠는가? 모든 것이 열세인 상태에서 핵 카드, 로켓 카드로 공갈치는 것 말고 다른 대안이 있겠는가?

북한은 조만간 남북회담, 북미회담, 혹은 6자회담을 하자고 나올 것이다. 한발 더 나아가 남북 정상회담을 하자고 제안할지도 모른다. 이때 우리는 어떻게 대응해야 할까? 지금처럼 미국에 의존하면서 핵무기 폐기, 로켓발사 중단하라며, 판에 박은 대응책만 되풀이할 것인가? 더 이상 그래선 안 된다. 북한의 의표를 찌르는 담대한 제안을 내놓고 북한의 핵 블러핑을 잠재워야 한다.

담대한 제안이란 바로 경제특구 건설이다. 남포·해주 해안지역에 2억 평 규모의 경제특구를 건설해 일자리 200만 개를 만든 후, 5년 안에 2,500만 북한 동포를 쌀밥에 고깃국 먹게 해주겠다는 제안이다. 10년 안에 싱가포르와 맞먹는 중화학단지 중심의 경제특구가 되고, 30년 후에는 홍콩처럼 북한에 귀속시키겠다는 세부계획도 제시할 수 있다. 이 얼마나 매력 있는 제안인가? 이런 제안을 받고도 딴죽을 걸 수 있을까? 이런 것이 소위 '선샤인 폴리시Sunshine Policy, 햇볕정책'다.

21세기는 글로벌시대로 지구촌이 한 덩어리가 되어 맞물려 돌아가는 시대다. 김정은 위원장도 북한 같은 쇄국체제로는 글로벌 시대에서 살아남을 수 없다는 것을 잘 알고 있을 것이다. 따라서 매력 있는 제안은 수용할 수밖에 없을 것이고, 그 이후로는 잘 풀려나갈 수밖에 없다. 큰 물방울과 작은 물방울을 합치면 하나의 물방울이 되는 것처럼, 피 한 방울 흘리지 않고 남북한이 하나로 결합할 수 있는 바탕이 마련되는 것이다. 남포·해주 경제특구 문제가 성사된다면 한반도에 평화가 정착되고, 일자리문제가 해결되며, 번영이 찾아온다. 이런 것을 일석삼조라고 한다.

다만 지금 같은 남북 대치상황에서는 개성공단 같은 남북경협 체제로는 안 된다. 북한 당국이 국제적으로 법적, 제도적 안전을 보장하는 경제특구 방식의 개발을 해야 한다. 그리고 그 특구에는 중국 등 제3국이 적극 참여케 해야 한다.

그럼 핵문제와 장거리 미사일문제는 어떻게 해야 할까?

특구 건설문제를 협의하는 과정에서 북한 측이 자기네 정권의 안전성을 유지하고 큰 이익을 얻을 수 있다는 것을 실감하게 되면, 자연스럽게 해결될 것이다. 2,500만 북한 국민 모두를 잘 먹고 잘살게 해준다는데, 무슨 염치로 핵공갈을 치겠는가? 핵공갈이 먹혀들어갈 틈이 없고, 남북협상이 무르익으면 자연스럽게 핵공갈은 사라지게 될 것이다.

'남포·해주 경제특구 건설' 시나리오는 다음과 같다.

1. 남포 및 해주지역에 2억 평 규모의 경제특구를 건설한다. 특구는 일자리 200만 개, 인구는 500만 개, 인구는 500만 명 규모가 된다. 국제관례에 따라 입법·사법·행정권을 가진다. 특구는 외부와 완전하게 분리하여, 홍콩과 같은 수준으로 개방된 경제활동 자유구역으로 개발한다.

2. 경제특구 전체를 일반 공업지구^{봉제, 일용품, 잡화 등 생필품 및 부품·소재 산업 제품}와 대기업 집단단지^{자동차, 종합기계, 전자제품 등. 항만 부근에는 종합 제철소, 정유공장 및 석유화학단지, 대형조선소 건설,} 벤처·IT·교육·훈련·연구개발 단지, 주거지역·상업지역·금융·관광·레저·위락 단지 등의 4개 지구로 구분하여 체계적으로 개발한다.

3. 주요 개발사업은 남포·해주 경제특구정청政廳이 중심이 되어 남과 북이 주체적으로 이끌어간다. 특히 북한주민이 시장경제에 익숙해지도록 교육·훈련 사업을 주관한다.

4. 일반 공업지구, IT 벤처·교육·훈련·연구 단지, 주거·관광·레저 단지 조성과 접근도로, 공업용수, 상하수도, 열병합발전소 등의 기반시설은 특구정청이 동시에 발주하고 감독해서 조기 완공하도록 한다. 공장건설은 입주자가 시행하고, 대기업 단지는 대기업이 부지조성과 공장건설을 담당한다.

5. 총 투자액은 2,000억 달러 규모다. 특구·일반 산업시설·연구시설·교육·훈련·주택·상업시설 등 1,000억 달러는 한국과 북한이 중심이 되어 중국·일본·미국의 투자를 유치한다. 특히 중국이 적극 참여하도록 적극적인 유인책을 제시한다. 북한은 토지를 제공한다. 자동차·조선·석유화학·종합제철소 등 1,000억 달러 이상의 대형 투자는 투자자 부담으로 한다. 그리고 중국자본도 유치한다.

6. 우선 경제특구정청이 설립되면 철야작업으로 3~5년 이내에 기본 설계와 건설을 완료한다. 이후 대기업의 대단위 공장은 5~7년 이내에 모든 건설을 완료한다. 교육·훈련 센터영어 · 중국어 · 일어 · 기술 · 시장경제 교육 관련는 맨 먼저 건설하고, 1년 이내에 실제 교육과 훈련을 시작한다.

7. 북한의 우수한 노동력과 한국의 남아도는 자본·경영 능력이 결합하면, 세계에서 가장 경쟁력 있는 경제특구 건설이 가능하다. 특

구는 200만 개의 일자리를 창출할 수 있고, 특히 기업인·경영자·간부급 요원·전문 기술직·기타 전문직 등 장차 북한경제를 이끌어갈 간부급 고급 인력을 8~10만 명 정도 양성할 수 있다. 한국은 30~50만명 가량 새 일자리를 만들어 낼 수 있다. 10년 이내에 지금의 중국 동해안 수준으로 끌어 올릴 수 있다. 15년 이내에는 중국을 따라잡을 수 있다.

8. 풀어야 할 과제가 있다. 6자회담 타결, 남북 정상회담 개최, 홍콩 수준의 경제활동 유지보장, 북한의 1국 2체제 유지^{중국이 했던 것처럼} ^{사회주의와 시장경제 병행발전 추진}, 북한 군부의 이해와 협조 등이다.

* 후원회에서 이만섭 국회의장, 가족과 함께

방통융합을 활용한 인공지능 일자리창출 콘텐츠로 대한민국 모든 구직자분들에게 행복과 긍정의 에너지가 팡팡팡 샘솟으시기를 기원드립니다!

권선복
도서출판 행복에너지 대표이사
한국 정책학회 운영이사

지금 한국경제는 한 치 앞을 바라볼 수 없는 상황에 처해 있습니다. 정부기관은 관료주의와 규제주의에 빠져 올바른 정책을 수행하지 못하고 있고, 성장률과 고용률을 끌어올리는 것이 목표였던 이전 정부에서는 리더십의 부재로 정책 제안만 하고 뜻을 이루지 못했습니다. 책 『기적의 인공지능(AI) 일자리혁명』은 이런 우리에게 귀중한 지침서가 됩니다.

서울대학교 경제학과를 졸업하고 신문기자로 출발하여 대통령비상

경제대책자문위원, 한국일보 대표이사, 제16대 국회의원 및 새천년민주당 정책위원회 의장 등을 역임한 저자는 "창조경제가 성공했다면 우리 경제는 일자리가 크게 늘고 4~6% 성장할 수 있었다. 국민 소득은 3만 달러 선, 주가는 3천 선을 훌쩍 넘었을 것"이라고 강조하며 창조경제의 원대한 꿈을 이루기 위해서 체계적으로 구성된 "방통융합을 활용한 인공지능 일자리창출"을 제안합니다. 또한, 이를 위해 이미 준비가 되어 있는 JBS 일자리방송이 주도할 "방통융합 인공지능 일자리창출 사업"을 위해 정부가 관료주의와 규제주의를 타파하고 혁신을 받아들일 것을 말하며 우리에게 새로운 길을 밝혀줍니다.

그렇기에 『기적의 인공지능(AI) 일자리혁명』은 단순한 정책제안서가 아닙니다. 과거와 현재의 성공사례와 실패사례, 그리고 그 성공과 실패 뒤에 담긴 숨은 이유를 찾아내어 현재를 진단하고 처방전을 제시하는 한국경제 살리기의 나침반과 같은 책이 될 것입니다.

실효성 없는 정책과 구시대적 일자리 정책에서 벗어나, 청년이 꿈꾸고 전 국민 완전취업이 이루어지는 나라가 되어, 지금의 어려운 시국을 이겨낼 수 있기를 소망하며, 모든 분들의 삶에 행복과 긍정의 에너지가 팡팡팡 샘솟으시기를 기원드립니다.

나를 위한 도전! 내 삶의 특별한 1%

김기홍 지음 | 값 15,000원

책 『나를 위한 도전! 내 삶의 특별한 1%』는 우리에게 위로의 메시지를 전해주고 있다. 스스로를 비하하며 자조하는 현대인에 대한 안타까운 시선과, 또 그 현대인 중한 사람으로서 이대로 머무르고 좌절하는 것이 아니라 긍정과 도전을 통해 함께 걸어가자고 제안한다. "그래도 우리 같이 힘내자"며 '나 혼자'가 아닌 '우리'를 강조하는 저자에게서 현대 사회를 바라보는 따뜻한 시선을 느낄 수 있다.

마리아관음을 아시나요

황경식 지음 | 값 15,000원

책 『마리아관음을 아시나요』는 세계의 종교와 문화가 다른 것 같아도 그 안에는 인류를 하나로 묶는 강력한 구심점으로 '모성애'가 있다는 것을 강조한다. 책은 이러한 모성애의 상징으로 서양 기독교의 '성모 마리아', 동양 불교의 '송자 관음보살' 그리고 한국 전통문화 속에 깊이 침잠되어 전해 내려온 '삼신할미 신앙'을 예로 들며 각 종교의 전승과 유래, 모성애적 상징 등 흥미로운 이야기들을 설명한다.

생각의 중심

윤정대 지음 | 값 14,000원

책 『생각의 중심』은 동 시대를 살아가며 보고 듣고 느낄 수 있는 이야기들에 대해 저자의 시각과 생각을 모아 담은 것이다. 2015년 겨울부터 2016년 여름까지 우리 사회에 주요 이슈로 다루어졌던 사건들에 대한 견해들이나 개인적인 경험담 등 다양한 소재들을 활용해 거침없이 글을 풀어내었다. 정치, 법률제도와 같은 사회문제는 물론 존재와 성찰이라는 철학적 사유까지 글쓰기의 깊은 내공으로 독자들에게 즐거움을 선사하고 있다.

일 잘하게 하는 리더는 따로 있다

조미옥 지음 | 값 15,000원

책 『일 잘하게 하는 리더는 따로 있다』는 신뢰를 바탕으로 구성원을 이끌며 일터를 더 좋은 환경으로 만드는 리더십의 모든 것을 담고 있다. 현재 팀문화 컨설팅을 주도하는 'TE PLUS' 대표를 맡고 있는 저자는, 이미 엘테크리더십개발원 연구위원으로 있으면서 기업의 인재 육성에 획을 긋는 '자기 학습' 및 '학습 프로세스' 개념을 독창적으로 만들어 LG전자, 삼성반도체, 삼성인력개발원, 삼성코닝, KT&G, 수자원공사 등 국내 유수 기업에 적용시킨 바 있다. 이 책은 저자의 연구 열정과 그 성과를 집대성한 작품이다.

색향미

정연권 지음 | 값 25,000원

책 『색향미 – 야생화는 사랑입니다』는 국내에서 흔히 접할 수 있는 170여 종의 야생화를 사계절로 분류하여 자세하고 소개한다. 정형화된 도감의 형식에서 벗어나 꽃의 애칭을 정하고, 이미지가 응축된 글과 함께 꽃의 용도와 이용법, 꽃말풀이 등을 담아내었다. 귀화한 야생화도 다문화 · 다민족으로 진입한 현 시대상을 따라 함께 포함하고, 풀과 나무에서 피는 야생화와 양치류같이 꽃이 없는 야생화도 아우르며 더 폭넓고 풍성하게 책 내용을 꾸리고 있다.

와인 한 잔에 담긴 세상

김윤우 지음 | 값 15,000원

책 『와인 한 잔에 담긴 세상』은 와인에 대해 절대 연구할 필요도 없고 고민할 필요도 없는 술이라고 강조한다. 그저 편안하게 있는 그대로를 즐기면 되는 음료이자, 하나의 멋진 취미생활이자 직업이 될 수 있는 술이라고 말한다. 저자는 "슬픈 사람을 기쁘게 만드는 신비의 힘, 그것이 바로 와인이다."라고 하며 "와인을 알게 되면서 경험했던, 그래서 풍요로운 인생을 경험했던 와인과 관련된 인생의 경험들을 여행으로, 파티로, 음식으로 풀어낸 일상의 이야기"라고 책에 대해 이야기한다.

아이디어맨이여! 강한 특허로 판을 뒤집어라

정경훈 지음 | 값 15,000원

책은 전문용어를 가능한 한 배제하고 쉬운 용어를 사용하여, 복잡한 특허문제들을 간단하게 풀어나간다. 비전문가들이 좀 더 편안하게 특허에 대해서 이해할 수 있도록 배려했으며, 경영자 또는 특허담당자들도 쉽게 특허를 이해하는 데 도움을 주고 있다. 강한 특허에 주목해야 하는 까닭부터 시작하여, 반드시 알아야 할 특허상식, 그리고 출원 전후의 특허상식과 CEO가 알아야 할 특허상식 등을 다양한 예시와 도표를 통해 제시하여 독자의 이해를 돕는다.

워킹맘을 위한 육아 멘토링

이선정 지음 | 값 15,000원

책 『워킹맘을 위한 육아 멘토링』은 일과 가정을 양립하는 데 어려움을 겪는 워킹맘에게 "당당하고 뻔뻔해지라"는 메시지를 전한다. 30여 년간 워킹맘으로서 직장 생활을 하며 두 아들을 키워 온 저자의 경험담과 다양한 사례를 통해 일과 육아의 균형을 유지하는 노하우를 자세히 알려준다. 또한 워킹맘이 당당한 여성, 또 당당한 엄마가 될 수 있도록 응원하고 있다. 이 책은 직장 생활과 육아 사이에서 고민하고 있는 모든 워킹맘에게 든든한 선배이자 멘토가 될 것이다.

즐거운 정직

김석돈 지음 | 값 15,000원

책 『즐거운 정직』은 꿈과 행복을 향해 나아가는 길, 반드시 가슴에 새기고 지향해야 할 가치 '정직'이 우리 삶에 얼마나 중요한지를 다양한 사례와 연구를 통해 제시한다. 정직이라는 가치가 땅에 떨어진 시대, 혼란한 삶을 살아가는 대한민국 국민들에게 가장 필요한 이야기들을 책 한 권에 가득 담아내었다. 수많은 선지자들이 삶을 행복으로 이끌기 위해 반드시 정직하게 살아야 함을 강조했던 까닭이 이 책을 통해 많은 이들이 다시금 곱씹어 보기를 기대해 본다.

눈사람 미역국

이상덕 지음 | 박 훈 그림 | 값 15,000원

책 『눈사람 미역국』은 현재 청송교도소에 수감 중인 저자가 교도소 안에서 겪은 일들을 차분하게 풀어내고 있는 에세이집입니다. 교도소 안에서의 생활, 또 그 하루하루를 통해 느낀 것들을 꼼꼼하게 써 내려 간 이 책을 통해 저자는 저와 비슷한 처지에 놓여 있거나 그보다 더 힘든 일로 좌절한 많은 사람들을 위로하고자 합니다. 아무도 모르게 꽁꽁 감춰두고 싶었을지도 모르는 자신의 삶까지 글을 통해 고스란히 담아낸 이 책에서, 과거를 반성하고 새로운 희망을 품으며 이겨내고자 하는 저자의 굳은 의지를 엿볼 수 있습니다.

성장, '의미'로 실현하라!

유재천 지음 | 값 15,000원

책 『성장, '의미'로 실현하라』는 기존 자기계발서와는 명확히 구분되는 특징과 장점이 가득하다. Engineering 기법을 적용한 최초의 자기계발서로서, 국내 1호 의미공학자인 저자의 평생 연구가 고스란히 담겨 있다. 그는 이 책을 통해 '의미'라는 추상적 개념이 어떻게 우리 삶에 실용적으로 적용되는지를 다양한 사례와 검증을 통해 제시함은 물론, 앞으로 국내 자기계발서들이 나아가야 할 방향을 명쾌히 설정해주고 있다.

나부터 작은 것부터 지금부터

임상국 지음 | 값 15,000원

이 책은 무언가 새롭게 시작하는 사람에게 꿈과 비전을 주기 위한 책이다. 많은 사람이 '무엇을 할까? 어떻게 할까?'를 고민할 때 '이렇게 하면 됩니다'라고 자신 있게 들려 줄 수 있는 이슈 인물들의 감동적인 이야기를 저자의 경험과 함께 담은 책이다. 가난하다고 꿈조차 가난할 수는 없다. 세상 탓, 남 탓, 환경 탓만 하기엔 시간이 너무 짧고 할 일은 너무 많다. '나부터 작은 것부터 지금부터'의 행함이 나와 여러분이 바라는 진정한 꿈을 이루도록 도울 것이고, 새롭게 변화된 삶으로 꿈 너머 꿈까지 실현하는 행복한 삶을 경험하게 만들 것이다.

오월이 오는 길

위재천 지음 | 값 15,000원

시집 『오월이 오는 길』은 평범한 일상이 놀라운 깨달음으로 다가오는 기쁨을 독자에게 선사한다. 자신의 작품은 물론, 함께 동고동락하는 직원들, 유관단체 임원들 그리고 시 문화를 창출하는 지역민들의 시를 함께 모아 엮었다. 시집은 사계, 불심, 추억, 일상이라는 각각의 주제 아래 시종일관 따스하고 아련한 서정시들의 향연을 이루고 있다. '스르르 잠기는 두 눈 사이로 오는 오월'처럼, 이 시집에 담긴 온기가 독자들의 마음속으로 스며들기를 기대해 본다.

울지 마! 제이

김재원 지음 | 값 15,000원

책 『울지 마! 제이』는 이 시대의 'n포세대'처럼 인생길에서 방황하며 힘겨워하는 모든 '제이'들을 위로하며 삶의 지혜를 담은 메시지를 전해준다. 여기서의 '제이'는 특정한 인물을 지칭하는 단어가 아니다. 바로 나 자신을 돌아보고 다시 앞으로 걸어 나갈 수 있는 원동력이 되는 나의 '자아'다. 그래서 허상에 그치는 이야기가 아니라 바로 나의 이야기, 나 자신에게 들려주고 싶은 위로의 말이 바로 이 책에 녹아 있는 것이다.

휴넷 오풍연 이사의 행복일기

오풍연 지음 | 값 15,000원

책 『휴넷 오풍연 이사의 행복일기』는 저자가 2016년 한 해 동안 새벽마다 꾸준히 썼던 일기를 차곡차곡 모아 펴낸 독특한 형식의 에세이집이다. 남이 일기에 어떤 이야기를 썼는지 궁금해하며 몰래 보는 것처럼, 이 책 또한 꼭 저자의 일기를 들여다보는 느낌이라 한 번 읽기 시작하면 쉽게 책을 놓을 수가 없다. 이런 독특한 개성을 가진 글을, 저자 본인은 '오풍연 문학'이라고 칭하고 있다. 매일 쓰는 몇 줄의 일기도 문학이 될 수 있음을 몸소 보여주는 셈이다.

나는 스캐폴더다

윤영일 지음 | 값 15,000원

책 『나는 스캐폴더다』는 맨손으로 메디슨 자회사 메리디안의 호남총판 대표의 자리까지 올랐던 윤영일 전 대표가 고난과 역경의 시간을 겪고 조선소의 족장맨, 스캐폴더로 자리 잡기까지의 삶과 재기의 기반을 다지기 위해 할 수 있는 모든 역량을 갖가지 분야에 분산 투자하며 노력한 과정을 낱낱이 소개한다. 책에 표현한 저자의 진솔한 마음은 본인이 겪었던 고난과 역경을 이겨내는 과정이 얼마나 힘겨우면서도 성공의 길이 얼마나 절실한 것인지 간접적으로 느낄 수 있게 한다.

Happy Energy books

좋은 **원고**나 **출판 기획**이 있으신 분은 언제든지 **행복에너지**의 문을 두드려 주시기 바랍니다.
ksbdata@hanmail.net   www.happybook.or.kr   단체구입문의 ☎010-3267-6277

하루 5분 나를 바꾸는 긍정훈련
행복에너지

권선복

도서출판 행복에너지 대표
대통령직속 지역발전위원
문화복지 전문위원
새마을문고 서울시 강서구
한국정책학회 운영이사
영상고등학교 운영위원장
아주대학교 공공정책대학
충남 논산 출생

'긍정훈련' 당신의 삶을 행복으로 인도할
최고의, 최후의 '멘토'

'행복에너지 권선복 대표이사'가 전하는
행복과 긍정의 에너지, 그 삶의 이야기!

국민 한 사람, 한 사람이 모여 큰 뜻을 이루고 그 뜻에 걸맞은 지혜로운 대한민국이 되기 위한 긍정의 위력을 이 책에서 보았습니다. 이 책의 출간이 부디 사회 곳곳 '긍정하는 사람들'을 이끌고 나아가 국민 전체의 앞날에 길잡이가 되어주길 기원합니다.

** **이원종** 前 대통령 비서실장/서울시장/충북도지사

'하루 5분 나를 바꾸는 긍정훈련'이라는 부제에서 알 수 있듯 이 책은 귀감이 되는 사례를 전파하여 개인에게만 머무르지 않는, 사회 전체의 시각에 입각한 '새로운 생활에의 초대'입니다. 독자 여러분께서는 긍정으로 무장되어 가는 자신을 발견할 수 있을 것입니다.

** **조영탁** 휴넷 대표이사

권선복 지음 |